Spanien

# SOUL PLACES

Andreas Drouve

# Bienvenido!

Soul Places berühren uns, beflügeln uns, lassen uns träumen. Soul Places sind Kraft- und Energieorte. Ebenso gut können sie Spiegelbilder eines Landes und seiner Bewohnerinnen und Bewohner sein – von Geschichte und Gegenwart.

Ein Soul Place kann ein Strand sein, eine Burg, ein Aussichtsberg, ein Friedhof, ein Wanderweg, ein Restaurant, ein Ort der Stille auf einer Bank. Plötzlich fühlt man sich berührt und kann es kaum beschreiben. Energie steigt auf, die sich nach Glück und Wärme anfühlt. Das Herz schlägt schneller, die Gedanken fliegen. Es kommt auf die Stimmung an, die persönliche Gefühlslage, das Umfeld, die Tageszeit, sogar das Wetter. Das Geheimnis liegt nicht zuletzt darin, zur richtigen Stunde am richtigen Platz zu sein.

Für Spanien und die Balearen habe ich 80 Soul Places ausgewählt, von denen ich glaube, dass sie dieses Prädikat verdienen und beispielhafte Stationen für die Erkundung des Landes sind. Die Bandbreite reicht von der rauen Natur des Kaps Fisterra über ein einsames Landhotel in Andalusien und den Palmenhain in Elche bis zu Oasen im Großstadtdschungel von Madrid. Auf Mallorca ist es der tiefe Süden und eine Fahrt im nostalgischen Zug, auf Ibiza ein Platz für den Sonnenuntergang, auf Formentera eine Wanderung mit Panoramablicken.

Es braucht nicht viel, um einen Soul Place für sich zu entdecken. Voraussetzung ist die Bereitschaft, sich darauf einzulassen. Jede Wette gehe ich darauf ein, dass Sie auf Ihrer Reise weitere Soul Places für sich entdecken werden. Wer mag, verrät sie weiter – oder behält sie für sich. Mögen Sie sich durch das Buch inspiriert fühlen.

Andreas Drouve

# Inhalt

Die farbigen Punkte vermitteln die Atmosphäre des jeweiligen Soul Places.
Die Bedeutung der Farben ergibt sich aus den folgenden Seiten.

**Leidenschaft ist immer siegreich.**

Theodor Fontane

Das Leben erleben

Die Kultur schmecken

Den Puls spüren

VOLLER ENERGIE & TATENDRANG

Genuss

Momente für die Ewigkeit schaffen

SICH INS ABENTEUER STÜRZEN

NEUE BEKANNTSCHAFTEN SCHLIESSEN

#eintauchen

kommunikativ sein

LOVE

**Es gibt keine richtige Art, die Natur zu sehen. Es gibt hundert.**

Kurt Tucholsky

BREATHE IN
BREATHE OUT
ZUR MITTE FINDEN
Natürlich
Natürlich
Natürlich
schön
Heilende Ruhe
EINE PAUSE MACHEN
#Achtsamkeit
into the unknown

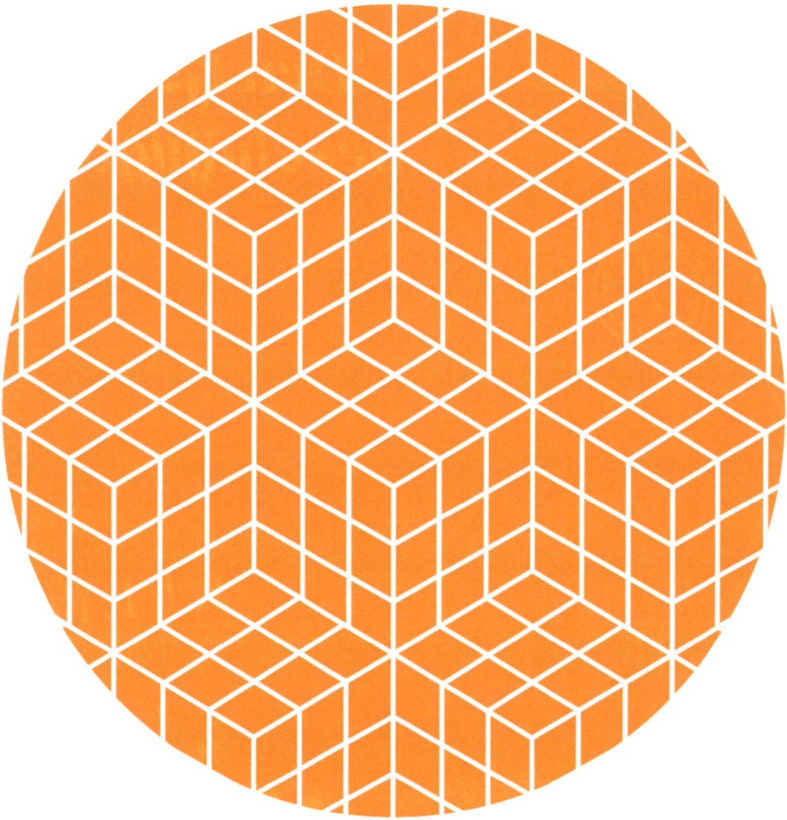

**Der Geist spricht zum Geist**
**und nicht zu den Ohren.**

Giacomo Girolamo Casanova

Bewusstsein

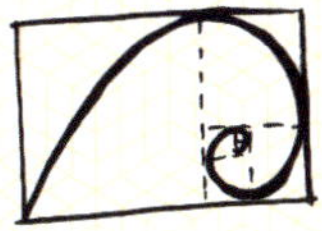

1 2 3

Once upon a time …

Den Geist beschäftigen

Kreativität ist ein Fluss

Mystik & Magie

Neue Perspektiven gewinnen

# Das Ende der Welt: Mystik, Einsamkeit und die raue See.

Fisterra, Finisterre, Finis terrae, das „Ende der Welt“ – das klingt nach entlegener, wilder, windgepeitschter Szenerie, die in der Bretagne oder England ebenfalls so heißt.

**Aufregende Natur**

Schon im Mittelalter zieht es Jakobspilger an diesen Ort mit seiner wilden Stimmung und die Besucher in seinen Bann. Dieses *Land's End* liegt im Nordwesten Spaniens und schiebt sich als Kap-Halbinsel in den Atlantik. Wie eine steinerne Riesenflosse ragt sie aus der See, ein mythischer Platz, schon zu Zeiten der Kelten Schauplatz religiöser Kulte. Fisterra, so heißt auch der letzte Ort vor dem Kap. Dort beginnt ein Sträßchen, das an der romanischen Kirche Santa María das Áreas vorbeiführt und langsam ansteigt. Mit der Höhe steigern sich die Ausblicke, aber bis zum Parkplatz herrscht Verkehr. Dann reiht man sich ein ins Fußvolk, geht am Leuchtturm längs eine Treppe hinab – und ist vom Panorama so richtig gefesselt. Der Atlantik liegt wie auf einem gigantischen Präsentierteller vor einem. Salz hängt in der Luft. Schroff und steil fallen die Flanken ab. In den Tiefen gurgelt und schäumt es.

**Das Rauschen des Meeres**

Das Kap gehört zur sogenannten „Todesküste“ (galicisch: *Costa da Morte*); der Name geht auf die Vielzahl an Schiffen zurück, die im Laufe der Jahrhunderte an den Klippen zerschellten und untergingen. Was man jetzt will: etwas abseits ein Plätzchen zum Alleinsein finden, irgendwo zwischen Sträuchern auf einem Felsen. Die Auswahl ist groß und nicht dramatisch, sofern man Sicherheitsabstand zu den Klippen hält. Geschwärzte Stellen an Felsen verraten, dass hier Jakobspilger Teile ihrer Kluft verbrannt haben, wie es ihre Vorgänger schon im Mittelalter praktizierten, als sie von Santiago de Compostela hierher wanderten. Ein Steinkreuz und eine winzige Schuhskulptur aus Bronze geben weitere Bezüge zum Pilgerwesen. Der Blick bis zum Horizont weitet die Seele. Erde, Meer und Himmel werden eins.

**Wo?**

Cabo Fisterra, 15155 Fisterra; ab dem Ort Fisterra führt das Sträßchen knapp vier Kilometer hinauf zum Parkplatz am Kap.

**Wann?**

Jederzeit – außer bei Nebel oder Starkregen, dann sieht man vom Kap aus definitiv nichts.

**Wichtiges**

www.turismo.gal

# Wie ausgestorben: ein Ruheort wider Willen abseits des städtischen Trubels.

Eine Mischung aus moderner Architektur und Natur, fernab vom Wallfahrts- und Besuchertrubel um die Kathedrale.

### Sich zurückziehen

Eigentlich hätte dieser Platz die Verdammung verdient: als polemisches, größenwahnsinniges Großprojekt, das aus Finanzgründen nicht fertiggestellt worden ist, als Geldgrab vieler Euromillionen. Die Rede ist von der Cidade da Cultura de Galicia, der „Stadt der Kultur Galiciens", einem Komplex, den der US-Architekt Peter Eisenman für einen Hügel außerhalb der Altstadt von Santiago de Compostela ersann. Hier oben, auf dem Monte Gaiás, sollten die Bibliothek Galiciens, ein Museum und Kulturprogramme zusammenfinden – das Ganze in einem überdimensionierten Rahmen, den die Bevölkerung nie richtig angenommen hat. Doch jetzt kommt die Wendung: Dadurch, dass es oft so ausgestorben und allenfalls Wachpersonal zugegen ist, bekommt der planerische Wahnsinn eine andere Note. Denn gerade nach solchen Orten der Leere sehnt man sich, wenn man den Besucher- und Wallfahrtstrubel um die Kathedrale erlebt hat. Nach den hin- und herwogenden Massen auf dem Kathedralvorplatz Praza do Obradoiro, dem Schlangestehen zum Einlass in die Mittagsmesse und den Andenkenläden mit Massen aus Nippes „Made in China" mag sich eine gewisse Erschöpfung und Santiago-Müdigkeit einstellen. Auf dem Monte Gaiás fühlt man sich wunderbar entrückt, kann man ungestört durchatmen.

### Seltsame Symbiose

Peter Eisenman – Polemik hin oder her – genießt als Architekt weltweites Ansehen. Wann bietet sich schon einmal die Gelegenheit, das in aller Ruhe und kostenlos in Augenschein zu nehmen, über breite Wege und Plätze zu streifen, an Stein- und Glasfassaden entlangzuflanieren? Die Symbiose aus den Auswüchsen der Architektur und dem umliegenden Grün befremdet – aber sie fasziniert und beruhigt auch. Bänke für die persönliche Rast findet man hier reichlich.

**Wo?**

Cidade da Cultura de Galicia, Monte Gaiás, 15707 Santiago de Compostela; eine Auffahrt im Privatfahrzeug ist möglich, ansonsten verkehren von der Stadt her Linienbusse bzw. geht es zu Fuß hinauf.

**Wann?**

Freier Zugang in den Komplex täglich 8–22 Uhr

**Wichtiges**

www.cidadedacultura.gal

# Der Stadtpark mit Aussicht, eine riesige urbane Oase mit fantastischem Freiblick.

Möwen kreischen, Kamelien blühen. Der Wind trägt den Duft von Eukalyptus heran, der im Umland wurzelt (und den Boden auslaugt, wie kritisch hinzugefügt sei).

**Idyllisches Grün**

In Santiago de Compostela, wo der Jakobsweg für die Pilger nach Wochen und Monaten des Unterwegsseins am Grab des Apostels Jakobus in der Kathedrale endet, ist die Natur ständig präsent. Blicke aus der Stadt schweifen über die markanteste Erhebung der Gegend, den Monte Pedroso. Wer richtig ins Grün abtauchen und sich vom Dauergewimmel entfernen will, braucht vom Altstadtrand nur wenige Gehminuten. Dort breitet sich der Stadtpark, Parque da Alameda, auf einer Fläche von 85.000 Quadratmetern aus und lädt zur Erkundung stiller Winkel ein.

**Wie ein verwunschener Garten**

Bilder von Rosenbeeten und Alleen wechseln sich ab mit verschlungenen Wegen, Ententeichen, Brunnen, Eichenbeständen, der Kirche Santa Susana, einem Musikpavillon. Spaziergänger und Jogger sind unterwegs, Buch- und Zeitungsleser rasten auf Bänken. Die Plätze für die Auszeit und das Sammeln neuer Kräfte sind schier unbegrenzt. Ein Rundweg führt von der Altstadtseite weg in den hinteren Teil des Parks, wo die galicische Lyrikerin Rosalía de Castro (1837–1885) auf einem Denkmal verharrt. Über die Kathedrale schrieb sie in ihrem Gedichtband „An den Ufern des Sar": „Mir schien, wie ich emporschaute, als wollte / Auf meine Stirn herab, in Trümmer fallend / Der Türme Riesenmasse niederstürzen." Hier, im Stadtpark, hat man Abstand von der Kathedrale gewonnen – doch von der Hauptpromenade liegt deren Türme-Ensemble so traumhaft in Sicht wie nirgendwo sonst. Barocke Giganten, Leuchttürme des Glaubens, die Wahrzeichen der Stadt. Da geht das Herz auf, unabhängig von Glaubensstärke und Konfession.

**Wo?**

Parque da Alameda, Rúa do Campiño da Ferradura/Avenida de Xoán Carlos I, 15705 Santiago de Compostela

**Wann?**

Jederzeit, aber für Fotografen liegt das beste Licht frühabends auf der Kathedrale.

**Wichtiges**

www.santiagoturismo.com

# Höhlen wie Kathedralen, die Natur ist der beste Architekt.

So spektakulär wie dieser ist kaum ein anderer Strand in Spanien, aber nur bei Ebbe: Die Praia das Catedrais in der Region Galicien fasziniert wie kein anderer. Eigentlich liegt er versteckt im Grenzgebiet der Regionen Galicien und Asturien, aber die Zeiten des Geheimtipps sind vorbei. Da das Areal unter Naturschutz steht, muss man wegen des starken Zulaufs im Sommer sogar eine Online-Reservierung für ihn vornehmen. Der Großparkplatz über der Küste gibt bereits einen Vorgeschmack. Einzigartig und beeindruckend bleibt der Strand der Kathedralen trotzdem.

**Schon von außen ein Augenschmaus**

Wer vom Hinterland herkommt, sieht das galicische Grün der Wiesen unvermittelt gebremst von einem Steilküstenabschnitt über dem Blau des Atlantiks. Hinab an den Strand führt eine Treppe. Bei Flut rollen die Wellen an und nehmen den Großteil der Sandflächen ein. Doch bei Ebbe, wenn der Wasserstand mehrere Meter tiefer liegt, öffnen sich gänzlich andere Panoramen. Dann ist der Strand weitläufig begehbar. Die Felsformationen der Klippen sind leergelaufen – und man glaubt, sich ins Innere gotischer Kathedralen versetzt zu fühlen. Dazu muss man natürlich hineingehen in die riesigen Felslöcher, als würde man durch geöffnete Portale von Gotteshäusern schreiten. Das ist weder eng noch gefährlich. Mit Glück hat man eine Höhle für sich allein, fühlt sich fern und abgeschnitten vom Rest der Welt. Einzig im Blick muss man die Gezeitentabelle haben, denn wenn das Wasser steigt (was sehr langsam geschieht), kann es brenzlig werden.

**Surreales Erlebnis**

Im Innern schaut man durch die Felsbögen hinaus wie durch Bilderrahmen: auf die See, den Himmel, Strandspaziergänger. Pfützen und das Glitzern im Sand sind von der letzten Flut geblieben, die bald wieder alles einnehmen wird. Ein ewiger Kreislauf. Was für Naturwunder!

**Wo?**

Die Praia das Catedrais liegt etwa auf halber Strecke zwischen Foz und Ribadeo; ausgeschilderter Abzweig ab der Autobahn A-8. GPS N 43.55406, E 7.15723.

**Wann?**

Lohnend nur bei Ebbe, weshalb man vorab die Gezeitentabelle *(tabla de mareas)* checken muss.

**Wichtiges**

https://ascatedrais.xunta.gal; unter dieser Adresse muss man gewöhnlich für die Zeit von Anfang Juli–Ende Sept. eine Reservierung vornehmen, um an den Strand zu kommen.

# Einen Abendbummel genießen, sich treiben lassen, den Schritten der Passanten lauschen.

Die Hauptstadt Asturiens begeistert durch ihr historisches Viertel, das zu fortgeschrittener Stunde seinen ganz eigenen Zauber hat.

**Perlige Frische des Apfelweins**

Die Altstadt von Oviedo zählt zu den schönsten und stimmungsvollsten in Spaniens Norden. Ein Konzentrat aus Gassen, Plätzen, Cafés, Geschäften, dem Markt, dem Rathaus, modernen Skulpturen und historischen Bauten, die in die Präromanik zurückreichen. Orientierung gibt der Turm der Kathedrale San Salvador. Legt sich der Abend über Oviedo, kommt ein ganz eigener Zauber auf – ideal, um einen Spaziergang zu starten. Allein auf weiter Flur wird man allerdings nicht sein, denn die Hauptstädter der Region Oviedo sind äußerst ausgehfreudig. Das liegt vor allem an der Zugkraft der Apfelweinbars. Apfelwein *(sidra)* ist Kult und gibt es überall, obgleich die an die Altstadt stoßende Calle Gascona sogar als „Apfelwein-Boulevard" *(Bulevar de la Sidra)* propagiert wird. Die Verkostung bringt einen besonderen Ritus des Einschanks mit sich, die dem Kellner vorbehalten bleibt. Dieser greift mit der einen Hand zum Glas, das er möglichst tief unten hält, und mit der anderen zur Flasche, die er weit über Kopfhöhe führt. Nun besteht die Kunst darin, den Strahl in freiem Fall ins Glas zu lenken, ohne allzu viel zu verschütten. Das soll Sauerstoff binden und dem Apfelwein ein Plus an perliger Frische geben. Es erklärt auch den säuerlichen Geruch, der von den Böden und Terrassen der Kneipen aufsteigt. Den Konsum sollte man mäßigen, nicht nur, weil Sidra in größeren Mengen ein Kopfschmerzgarant ist. Schließlich will man die Fortsetzung des Abendbummels bei vollem Bewusstsein erleben.

**Abseits des Trubels**

Orangegelbes Laternenlicht flutet die Gassen, durchtränkt Fassaden mit ihren Blumenbalkonen. Plötzlich wird es doch noch einsam, verhallen die Schritte in den Arkaden, verlieren sich die Gedanken zwischen Geschichte und Gegenwart, zwischen Mauern und Monumenten.

**Wo?**

33003 Oviedo

**Wann?**

Abhängig von der Jahreszeit ab etwa 21/22 Uhr

**Wichtiges**

www.visitoviedo.info
www.sidreriasgascona.com
(Apfelwein-Boulevard)

# Ein magisches Kreuz: innehalten und die Sorgen loslassen.

Es sind bewegende, intensive Momente, die viele Pilger spüren, wenn sie in der Bergeinsamkeit der Montes de León zwischen Astorga und Ponferrada auf 1504 Metern Höhe das Dach des Jakobsweges erreichen: das „Eisenkreuz“, Cruz de Ferro. Aus dem halb verfallenen Dorf Foncebadón leitet der Pfad an Ginster und Heidekrautgewächsen eine knappe halbe Stunde weiter zum Cruz de Ferro, wobei das eigentliche Kreuz sehr klein ist. Es krönt einen meterhoch gerindeten Baumstamm, der seinerseits aus einem Fundament aus aufgeschütteter Erde, Steinen und Felsbrocken ragt.

### Symbolisch Lasten ablegen

Zur Tradition gehört es, diesem Haufen seinen eigenen Stein hinzuzufügen: einen Sorgen- oder Sündenstein, mit dem man symbolisch Leid und Lasten ablegt. Wie Abermillionen Ankömmlinge vorher setzt man gleichzeitig ein Zeichen des Angekommenseins. Manche Pilger haben ihren Stein unterwegs gefunden, andere von daheim mitgebracht, ihn mit Namen, Datum, Herkunftsort versehen. Es sind nicht nur beschriftete Steine oder Jakobsmuschelschalen, auch offen hinterlegte oder an den Stamm geklemmte Zettel, aus denen Schicksale, Leid und Glauben sprechen. Niemand braucht sich der Tränen zu schämen. Das Kreuz ist auch problemlos motorisiert über ein Landsträßchen erreichbar und für alle da.

### In sich hineinhorchen

Wer innehält, spürt, wie die Gedanken Fahrt aufnehmen; zur eigenen Vergangenheit, zur Zukunft, zur Verbindung mit liebgewonnenen Menschen. Fragen tauchen auf. Ist der Lebensweg bislang der richtige gewesen? Hat man Abzweige verpasst, die man bereut? Oder würde man alles wieder so machen? Etwas abseits vom Kreuz geben kühle Steinbänke neben einer Kapelle und in einem halboffenen Schutzbau Platz. Dann kommt irgendwann der Abschied vom Cruz de Ferro, vom persönlichen Stein. Das Leben, der Weg geht weiter.

**Wo?**

Das Cruz de Ferro liegt direkt an der Landstraße LE-142, die hinter Foncebadón in Schleifen hinaufführt.

**Wann?**

Jederzeit, aber die Gegend ist während der Blütenpracht im Frühling besonders schön.

**Wichtiges**

Gut zur besinnlichen Stimmung passen Texte, Verse und Impulse vom Jakobsweg, die unter diesem Link zusammengestellt sind: www.jakobus-info.de/ultreia/texte.htm.

# Sich neben eine Pilgerstatue setzen, abends die beleuchtete imposante Fassade betrachten.

Einfach dazusetzen – das ist der erste Impuls. Und seinen Impulsen soll man folgen. Es ist noch etwas Platz frei auf dem dreistufigen Sockel neben dem Mann, der kein Wort von sich gibt: der bronzene Jakobspilger auf der Plaza de San Marcos. Mitten auf dem Platz harrt er vor einem Kreuz aus, hat die Sandalen abgestreift. Er trägt einen Umhang, hält die Arme verschränkt vor dem Körper und befindet sich in der Phase tiefster Entspannung. Der Tag und die Pilgerschaft scheinen im Innern an ihm vorüberzuziehen. León ist seit alters her eine wichtige Station auf dem Jakobsweg; nahe der Plaza de San Marcos passiert die Pilgerroute die Brücke über den Fluss Bernesga.

**Die Gedanken schweifen lassen**

Des Pilgers Augen sind geschlossen, was eigentlich schade ist. Denn so entgeht ihm der Anblick von einer der imposantesten Fassaden in Nordspanien. Es ist das Hostal de San Marcos, einst Stammsitz der Jakobsritter, die sich bis zum ausgehenden Mittelalter bei der Rückeroberung der Territorien aus maurischer Hand verdient gemacht hatten. Zum Lohn bekamen sie dieses Prunkwerk, dessen Front sich über hundert Meter auseinanderzieht. Den Stil nennt man *plateresk,* abgeleitet von der filigranen Arbeit der Silberschmiede *(plateros).* Eingearbeitet sind Medaillons mit biblischen und historischen Porträts, Skulpturennischen, Wappenfiguren. Über den Zugang zur Kirche im Ostflügel breiten sich Reihen aus steinernen Jakobsmuscheln aus. Im einstigen Rittersitz ist heute ein nobles Parador-Hotel untergebracht.

**Eine Skulptur als Vorbild nehmen**

Die schönste Zeit, um sich zum Bronzepilger des Bildhauers José María Acuña zu setzen, ist abends, wenn die Fassade angestrahlt wird. Man muss kein Pilger sein, um sich von dem stummen Gefährten animiert zu fühlen, über das Leben nachzudenken. Wer bin ich? Woher komme ich? Wo will ich hin?

**Wo?**
Plaza de San Marcos, 24001 León

**Wann?**
Stimmungsvoll nach Einbruch der Dunkelheit

**Wichtiges**
http://leon.es

# Stimmungsvoll, gut, günstig – der Wochenmarkt lädt zum Bummeln und Kaufen ein.

In der Altstadt von León dient die Plaza Mayor zweimal wöchentlich als Kulisse für einen Freiluftmarkt – und der ist gut, günstig und stimmungsvoll. Was will man mehr?

**Betriebsam zweimal wöchentlich**

Die Arkaden, die Rathausfront im Barockstil, historische Hausfassaden – das sind die Kulissen für einen der schönsten, authentischsten und günstigsten Wochenmärkte in Spanien. Er steigt mittwochs und samstags jeweils vormittags auf dem Hauptplatz, Plaza Mayor, der in der Altstadt etwas abseits der gotischen Prachtkathedrale und der Fußgängerzone liegt. Während dort reichlich Touristen und Jakobspilger umherschwirren, fühlt man sich hier auf dem Platz weitgehend unter Einheimischen und fast in ländlicher Umgebung. Bäuerliche Anbieter bieten an der frischen Luft all das feil, was – je nach Saison – bis kurz zuvor noch an Sträuchern und Bäumen gehangen oder in der Erde gesteckt hat. Äpfel, Birnen, Tomaten, Paprika, Kräuter, Bohnen, Möhren. Wunderbar prähistorisch ist, dass vereinzelt bei Verkäufern noch Handwaagen zum Einsatz kommen. Da auch Spanier mehr und mehr auf Nachhaltigkeit und kurze Transportwege setzen, deckt man sich umso lieber mit Produkten aus der Region ein – ohne, dass Zwischenhändler mitverdienen. Davon profitieren Produzenten und Kunden gleichermaßen. Eine klassische Win-win-Situation. Den Plausch und die Stimmung gibt es kostenlos obendrauf.

**Qual der Wahl**

Auswärtige Reisende dürften sich an den Ständen in den seltensten Fällen mit kapitalen Knoblauchzöpfen, Kartoffeln, Eiern, Zwiebeln und Saatpflanzen eindecken. Doch bei einem Kilo Kirschen oder einem Pfund Pfirsichen dürfte man kaum widerstehen können. Die Preise sind aus mitteleuropäischer Sicht sensationell. Noch besser zum Mitnehmen eignen sich Käse, Honiggläser, getrocknete Peperoni, Hartwürste und das in der Gegend beliebte Rinderdörrfleisch *(cecina)*. Der Wochenmarkt von León ist ein *Soul Place,* der auch durch den Magen geht.

**Wo?**

Plaza Mayor, 24003 León

**Wann?**

Mittwochs und samstags von etwa 9 bis 14 Uhr; fällt der Mittwoch oder Samstag auf einen Feiertag, wird der Markt gewöhnlich am Tag vorher veranstaltet.

**Wichtiges**

http://leon.es

# Raubtiergetümmel auf Mosaiken und eine römische Villa im touristischen Nirgendwo.

Die nordspanische Provinz Palencia ist Terra incognita auf der touristischen Landkarte. Einsame Dörfer. Schafweiden. Getreidefelder. Sonnenblumen.

**Versteckte Faszination**

Doch bei Pedrosa de la Vega liegt ein ungewöhnliches Ziel, das sich unter dem Schutz eines modernen Megabaus versteckt: die Reste einer römischen Villa *(Villa romana)* namens La Olmeda. Herausragend ist das, was den Boden mit Bilderteppichen überzieht: die Mosaike mit Figuren-, Pflanzen-, Blumenmotiven. In seiner Gesamtheit handelt es sich um die größte Ansammlung römischer Mosaike in Spanien an ihrem Originalplatz. In einer stolzen Zahl ausgedrückt: 1450 Quadratmeter Mosaike.

**Große Kunst aus kleinen Steinen**

Ein Raubtier hat zum Sprung auf eine Gazelle angesetzt, seine Krallen in den Rücken des Tieres geschlagen. Eine andere Bestie attackiert einen Reiter, verbeißt sich in die Flanke des Pferdes. Die Muskeln der Tiere, die Dynamik, die Proportionen, alles ist stimmig. Blut läuft hinab. Der Reiter hält einen Schild und versucht, sich mit hoch erhobener Lanze zu wehren. Dies sind Szenen der Mosaike, die 26 der 35 Zimmer des Palastes dekorierten. Das Anwesen stammt aus spätrömischer Zeit, nämlich dem 4. Jahrhundert n. Chr., und wurde 1968 von Archäologen wiederentdeckt. Der Rundgang führt über breite Stege, die es erlauben, die Mosaike von oben so nah wie möglich zu betrachten. Wie es den Meistern gelang, winzige Steinchen aus Rotbraun, Grün und Gelb zum Großganzen zu formen, zu Körpern und Gesichtern, zu Blättern und Schattenwürfen – das war große Kunst, ist für Kulturreisende vielleicht nichts Neues. Dies jedoch fernab der Touristenströme in einer solch abgelegenen Gegend der Provinz Palencia zu entdecken, hätte man nicht erwartet.

**Wo?**

Villa romana La Olmeda,
34116 Pedrosa de la Vega;
der nächstgrößere Ort ein Stück
nördlich ist Saldaña.

**Wann?**

Di–So 10.30–18.30 Uhr

**Wichtiges**

www.villaromanalaolmeda.com

# Gemütliches Wandern an einem historischen Wasserweg. Ein Stück entlang des Jakobsweges.

Wasser hat stets eine beruhigende Wirkung. Es sprudelt und rauscht. Es ist alles im Fluss. Am Rand des Jakobswegortes Frómista strömt der Kastilien-Kanal *(Canal de Castilla)* vorbei, der als ingenieurtechnisches Meisterwerk aus Spaniens Zeitalter der Aufklärung in die Geschichte eingegangen ist. Der pittoreske Stufenabfall des Kanals befindet sich hinter einer Schleuse.

### Architektur in der Kornkammer

Erbaut von 1753 bis 1849, entstand in Kastilien-León ein 207 Kilometer langes Kanalnetz, für dessen Zufluss im Wesentlichen der Río Pisuerga sorgte. Hinter dem Vorhaben standen mehrere Absichten: eine der größten Kornkammern Spaniens zu bewässern, die Getreidemühlen anzutreiben und das Getreide selber mit Hilfe von Lastkähnen und Maultieren auf Treidelpfaden voranzuschaffen. Allerdings war dem Transport ein relativ kurzes Leben beschieden, denn bald nach Abschluss des Bauwerks kam die Eisenbahn auf. Dagegen spielt die Bewässerung bis heute eine wichtige Rolle – und der Kastilien-Kanal ist ein malerisches Besucherziel.

### Auf in die Natur

Bei Frómista fällt der Kanal hinter einer Schleuse in mehreren Stufen ab, unmittelbar an der Landstraße. Den Anblick saugt man gierig in sich auf, doch es kommt noch besser. Geht man parallel zum Stufenabfall ein Stückchen aufwärts, bindet man an den Jakobsweg an, der auf der Höhe auf einem Übergang in Richtung Ortskern von Frómista abknickt. Die Pilger kommen vom nächstgelegenen Dorf Boadilla del Camino her und ziehen etwa vier Kilometer an den Kanalufern entlang. Warum es ihnen nicht gleichtun?

Also: Schuhwerk schnüren, etwa eine Stunde in Gegenrichtung des Jakobswegs marschieren, dann umdrehen und zum Ausgangspunkt zurück. Der Weg ist breit und verläuft flach durch die Weite, ohne größere Anstrengung. Da spürt man die Sonne und den Wind auf der Haut und die Gedanken fliegen.

**Wo?**

Canal de Castilla, an der Landstraße P-431 (Calle las Huesas), 34440 Frómista

**Wann?**

Prinzipiell jederzeit, allerdings kann es im Winter bitterkalt werden.

**Wichtiges**

www.canaldecastilla.org

# Eine Altstadt zum Staunen. Da gibt es für jeden etwas zu entdecken.

Die Promenade am Fluss, der Hauptplatz, ein historisches Stadttor – das sind Bilder aus Burgos' Altstadt. Doch sie alle überragt die Kathedrale.

**Eine Faszination neben der anderen**

Die Altstadt von Burgos hat viele Gesichter – und damit viel zu erkunden. Der *Paseo del Espolón,* also die Promenade mit ihren Platanenreihen und Grünanlagen, die an den eingefassten Fluss Arlanzón stoßen. Die *Plaza Mayor,* der Hauptplatz, mit farbigen Fassadenanstrichen und den oberen Turmteilen der Kathedrale, die in Sichtweite liegen. Das massige Stadttor Santa María, in dessen Bildnisnischen relevante Persönlichkeiten mit Regionalbezug vertreten sind, darunter der aus der Nähe von Burgos gebürtige Nationalheld El Cid (um 1045–1099). Nicht zu vergessen die Ruinen der Burg im oberen Teil der Stadt. Doch die Kathedrale, von der UNESCO zum Weltkulturerbe deklariert, stellt alles in den Schatten. Die beiden Vorplätze, die Plaza de Santa María und die Plaza Rey Fernando, sorgen für eine erste Annäherung an den Dom, der seine Grundsteinlegung 1221 erlebte. Danach waren Architekten, Kunsthandwerker und Handwerker ein paar Jahrhunderte gut beschäftigt. Dennoch wirkt das Bauwerk erstaunlich homogen, wie aus einem Guss. Begeisternd in Außenansicht sind die gotischen Türme und das Südportal Sarmental, dem man die starke Restaurierung verzeiht. Im Bogenfeld sind die Apostel untereinander lebhaft in Gespräche vertieft, während die Evangelisten an ihren Schreibpulten rund um den Pantokrator (Jesus Christus) sitzen.

**Im Rausch der Eindrücke**

Das Innere ist eine einzige Abfolge von Highlights: das Grabmal von El Cid und seiner Frau Jimena, die Vierungskuppel, der Hochaltar, das Chorgestühl, die Vergoldete Treppe von Diego de Siloé, die Grabkapelle der Kronfeldherren *(Capilla de los Condestables),* der doppelstöckige Kreuzgang, die Kapellen mit dem Domschatz. Irgendwann verlässt man wie im Rausch die Kathedrale, will die Eindrücke verarbeiten und sich irgendwo niederlassen. Dazu empfiehlt sich ein Bänkchen an der eingangs genannten Promenade.

**Wo?**

09003 Burgos

**Wann?**

Burgos' Altstadt ist stimmungsvoll über den Tag und später am Abend. Öffnungszeiten der Kathedrale: Mitte März–Ende Okt. tgl. 10–19 Uhr, sonst stark abweichende Öffnungszeiten.

**Wichtiges**

http://turismo.aytoburgos.es; der monatsaktuelle Kalender steht auf der Homepage (http://catedraldeburgos.es).

# Steinkulissen und ein traumhafter Kreuzgang dank einer Heiligen.

Kopfsteingepflasterte Gassen, lauschige Plätzchen und Winkel, Blumenbalkone und die romanische Stiftskirche mit ihrem Kreuzgang – das ist der Stoff, aus dem das denkmalgeschützte Santillana del Mar gestrickt ist.

**Sitz des historischen Landadels**

Dass hier einer der schönsten Steinorte Spaniens entstand, ist der namensgebenden heiligen Juliana *(Santa Juliana)* und ihren Reliquien zu verdanken. Jener Heiligen, die laut Überlieferung Anfang des 4. Jahrhunderts während der Christenverfolgungen standhaft in ihrem Glauben blieb und ihr Martyrium in der heutigen Türkei erlitt. Auf welch verworrenen Wegen Julianas Reliquien den spanischen Norden – genauer: das Küstenhinterland des Golfs von Biskaya in Kantabrien – erreichten, verliert sich im Dunkel zwischen Legende und Geschichte. Fest steht, dass ihre Verehrung im 6. Jahrhundert im jetzigen Santillana del Mar begann. „Es gab eine erste winzige Kapelle, aber noch keine Ordensgemeinschaft", so Agustín García, der Direktor der Stiftskirche. Das änderte sich später mit den Benediktinern. Im Laufe der Zeit stieg Santillana del Mar zum Sitz des Landadels auf. Als Statussymbole entstanden wappenverzierte Herrenhäuser, die dem Ortsbild bis heute den Stempel aufdrücken. In den Gassen geht es oft trubelig zu. Die Souvenirkultur mit Kulinaria aus der Gegend blüht: von Sardellen bis Wildschweinwurst.

**Eine Ruheoase in der Betriebsamkeit**

Die Sehnsucht nach einem Ort der Stille erfüllt sich im Kreuzgang der Stiftskirche. Die Doppelsäulen sind gedrungen, die Kapitelle meisterhaft skulptiert. Da entdeckt man Daniel in der Löwengrube, die Kreuzabnahme, die Enthauptung Johannes des Täufers. Hinein mischen sich weltliche Stoffe. Ein Ritter hoch zu Ross nimmt Abschied von seiner Herzensdame. Ein Krieger durchbohrt mit seinem Schwert eine auf den Hinterbeinen stehende Bestie. Detailverliebte Meisterwerke en miniature. Zum Staunen und Atem holen, bevor es wieder ins Getümmel geht.

**Wo?**

Plaza las Arenas 1a,
39330 Santillana del Mar

**Wann?**

Für Besucher der Stiftskirche und des Kreuzgangs lauten die Öffnungszeiten: Di–Sa 10–13 und 16–18 Uhr, im Sommer bis 19 Uhr.

**Wichtiges**

http://santillanadelmarturismo.com

# In schwindelerregender Höhe auf einem traditionsreichen Bauwerk.

Seit Ende des 19. Jahrhunderts verbindet die spektakuläre Brücke Puente de Vizcaya (auch: Bizkaya) im Baskenland zwei Vorstädte von Bilbao. Über den Fluss Nervión, der nahe dem Hafen von Bilbao mit einem Meeresarm des Golfs von Bizkaya verschmilzt, legt sich das gigantische Konstrukt: die „Hängende Brücke" *(Puente Colgante)*. Der Name „Bizkaya-Brücke" schafft einen Regionalbezug zur gleichnamigen baskischen Provinz, in der man hier unterwegs ist.

**Transport über dem Wasser**

Übers Wasser zwischen Bilbaos Vorstädten Portugalete und Las Arenas (in Gexto) schwebt eine Fähre, bei der Sicherheit nicht am seidenen Faden hängt, sondern an Seilen und Türmen aus Stahl. Fahrzeuge werden auf einer geschützten Plattform und Fußgänger daneben in verglasten Kabinen auf die andere Seite befördert. Die Krönung in knapp 50 Metern Höhe ist der Panoramasteg, den man zu Fuß passiert. Das 1893 in Betrieb genommene Meisterwerk geht auf den baskischen Ingenieur Alberto de Palacio (1856–1939) zurück. Dahinter stand der Gedanke, die Flusseinfahrt nicht für den Schiffsverkehr zu blockieren. An den Ufern erheben sich die massigen Türme des Konstrukts, das eine ferne Parallelbildung zum Pariser Eiffelturm aufwirft und von der UNESCO zum Weltkulturerbe erhoben wurde. Die Brücke war seinerzeit ein Symbol der Industriellen Revolution und wurde nach der Zerstörung im Spanischen Bürgerkrieg 1936–39 wieder hergerichtet.

**Ohne Risiko**

Wer den Panoramasteg *(Pasarela)* angeht, fährt per Aufzug hinauf und braucht keine Sorge zu haben: Der Nervenkitzel in schwindelnden Höhen ist unter Kontrolle, der Steg breit und mit Planken sowie Gittern geschützt. Kein Hauch von Gefahr oder Dramatik. Einzig gewöhnungsbedürftig ist, dass man durch die Stäbe und Ritzen hindurch das Wasser unter sich sehen kann und das Gerüst leicht vibriert und sirrt, sobald sich in der Tiefe die Schwebefähre in Bewegung setzt.

**Wo?**

(Puente Colgante) Puente Bizkaya, Calle María Díaz de Haro, 48920 Portugalete

**Wann?**

Der Panoramasteg ist im Regelfall täglich 10–14 und 16–20 Uhr geöffnet; Fährbetrieb rund um die Uhr.

**Wichtiges**

http://puente-colgante.com

»Übers Wasser zwischen Bilbaos Vorstädten Portugalete und Las Arenas schwebt eine Fähre, bei der Sicherheit nicht am seidenen Faden hängt, sondern an Seilen und Türmen aus Stahl.«

13 PORTUGALETE, PUENTE BIZKAYA

# Rast am Guggenheim-Museum – ein anderer Blickwinkel.

Abseits des Guggenheim-Museums in Bilbao: Weg von den Massen findet man Platz in einer kleinen Grünzone mit dem weltberühmten Museum in Seitenansicht.

## Bekanntes mal anders

Oft ist mächtig was los im und ums Guggenheim-Museum für moderne und zeitgenössische Kunst, das die alte Industriestadt Bilbao auf die touristische Landkarte gebracht hat. Menschenströme wiegen hin und her: auf dem oberen Vorplatz mit dem Blumenhund „Puppy" von Jeff Koons und auf der unteren Esplanade am Fluss mit der Bronzespinne „Mama" von Louise Bourgeois. Ein Stückchen weg von der breiten Treppe, die das Museum streift und oben mit unten verbindet, verlaufen sich die Massen, gewinnt die urbane Idylle plötzlich die Oberhand. Hinter einer Springbrunnenreihe wird man von Wiesengrün und kleinen Baumbeständen erwartet – und von Sitzbänken und Mäuerchen, teils im Schatten. Also: Bitte Platz nehmen. Der Wind spielt in den Bäumen, unterlegt vom Wasserplätschern der Fontänen. Verkehrslärm dringt nur gedämpft heran. Tauben picken im Gras. Die Gesprächs- und Musikfetzen aus dem Freiluftcafé nebenan sind kaum vernehmbar.

## Das Gebäude selbst als Kunst

Aus dieser Perspektive sieht man das Museum nicht in plakativer Frontalansicht, sondern von der Seite. Der von Stararchitekt Frank O. Gehry zu Beginn der 1990er-Jahre konzipierte Gigant aus Kalkstein und Glas ist großflächig überzogen mit hauchdünnen Platten aus Titan. Je nach Sonnenlichteinfall reflektieren sie silbern oder golden. Im Innern laufen in den Galerien mehrere Wechselausstellungen parallel, zählen Richard Serras Skulpturen aus gewalztem Stahl zu den wenigen Dauerexponaten. Doch das, was drinsteckt, ist eigentlich egal. Gehry gelang mit voller Absicht das Kunststück, ein Kunstmuseum selbst zur wichtigsten Kunst zu erheben: eine Megaskulptur aus kantigen und dynamischen geschwungenen Formen, voller Symmetrien, Asymmetrien, Verschachtelungen. Davor darf man sich hier im Abseits still verneigen.

**Wo?**

Die beschriebene kleine Rastzone im Grünen liegt zwischen der Avenida Abandoibarra und dem Flussufer unweit vom Freiluftcafé Terraza Campa de los Ingleses; 48009 Bilbao

**Wann?**

Jederzeit, vielleicht vor oder nach dem Besuch des Museums

**Wichtiges**

www.guggenheim-bilbao.eus; im Sommer täglich geöffnet, sonst nur dienstags bis sonntags.

# Ein Thron über dem Atlantik. Wilde Stimmung und fantastische Ausblicke.

Es gibt Heiligtümer, die eine magische Zugkraft ausüben. Um dies zu spüren, braucht man nicht einmal gläubig zu sein. Die Kapelle San Juan de Gaztelugatxe ist so ein Platz. Hoch über dem Atlantik des Baskenlands thront sie auf einer Felseninsel, die sich mit Bögen und nackten Flanken weit herausschiebt. Die See kocht. Die Geräusche der Wellen sind ständige Begleiter.

**Die Gischt im Gesicht**

Die Ursprünge der alten Seefahrerkapelle reichen ins Mittelalter; lokale Quellen weisen auf einen ersten Bau im 9. Jahrhundert, der bis in die Gegenwart mehrfach erneuert worden ist. Der Zugang ist so spektakulär wie die Lage: von Land her über eine Art Steinwallbrücke, dann über Rampenstücke und über 230 Stufen, teils im Zickzack, atemschwer aufwärts. Dass der Kirchbau, in dem einige Bootsmodelle von der Decke hängen, gewöhnlich verschlossen ist, spielt keine Rolle. Der Weg ist das Ziel, verbunden mit der Stimmung und fantastischen Panoramen der Küstenszenerie. Sich oben neben der Kapelle den Seewind um die Nase wehen zu lassen – einfach traumhaft.

**Die Anstrengung wert**

Geweiht ist die Kapelle dem heiligen Johannes dem Täufer (San Juan Bautista); der baskische Name Gaztelugatxe soll sich von *gaztelu-aitz* (Felsenschloss) herleiten. Eine Legende besagt, dass der heilige Johannes einmal im nahen Hafenort Bermeo eintraf und lediglich drei Riesenschritte bis zur Kapelle brauchte. Im wahren Leben halten die Fischer von Bermeo die Traditionen aufrecht, bevor sie zu langen Ausfahrten aufbrechen. Dann manövrieren sie mehrfach vor der Felseninsel von San Juan de Gaztelugatxe hin und her – so soll der Heilige ihnen Glück bringen. Zu Fuß kann man ihm ebenfalls die Wünsche zutragen. Er soll bei Kopfweh, Angstzuständen, Heiserkeit, Schwindel und Schlafproblemen helfen.

### Wo?

48130 San Juan de Gaztelugatxe; Zufahrt nordwestlich von Bermeo mit Abzweig zu den Parkplätzen ab der Landstraße BI-3101

### Wann?

Gewöhnlich täglich 10–19 Uhr, aber für große Teile des Jahres muss man per Online-Formular (www.tiketa.eus/gaztelugatxe) ein Ticket reservieren; das ist kostenlos, aber mit einem gewissen Aufwand verknüpft.

### Wichtiges

http://web.bizkaia.eus; für den Besuch muss man gut zu Fuß sein, denn es geht hinab und hinauf; die naheliegenden Parkplätze sind vor allem von 10–16 Uhr sehr begehrt.

**15** **SAN JUAN DE GAZTELUGATXE, KLIPPEN**

# Zu Füßen die Muschelbucht – umwerfende Ausblicke über eine der schönsten Städte.

Der Aufstieg zum Berg Urgull über San Sebastián wird mit fantastischen Aussichten über eine der elegantesten Städte Spaniens belohnt. Ein Highlight auf der Spanien-Reise.

**Was für eine Königin gut genug ist …**

San Sebastián, das ist die Wildeste, die Schönste am Golf von Biskaya. Sie legt sich mit drei Stränden um zwei Buchten. In ferner Vergangenheit war die Stadt, die auf Baskisch *Donostia* heißt, ein Fischernest, ein blasser Atlantikhafen. Der Herpes von Königin Isabella II. gab den Ausschlag zum Aufschwung. Im Madrid des 19. Jahrhunderts legten ihr die Ärzte einen Klimawechsel ans Herz. Die Wahl für die wohltuenden Meeresbäder und Sommerfrische fiel auf San Sebastián. Im Kielwasser der Royals strömte der Adel nach. So entstand im Laufe der Zeiten ein Chic, der die Hauptstadt der baskischen Provinz Gipuzkoa bis heute prägt. Boulevards am Meer und dem Fluss Urumea, Wohnpaläste, das Theater. Im historischen Casino ist das Rathaus untergebracht, Szenario für den Kollektivschlaf spanischer Beamter.

**Ausblick mit Geschichte**

Wer einen Gesamtüberblick sucht, steigt von der Altstadt auf den 123 Meter hohen Monte Urgull, einen der drei grünen Küstenberge. Die strategisch günstige Lage führte im Mittelalter zum Bau einer Festung. Das Wegenetz aufwärts zieht sich dahin und verästelt sich zu Aussichtspunkten. Die Hauptbucht, genannt Muschelbucht *(Bahía de la Concha),* breitet sich traumhaft in der Tiefe aus. Auf dem kleinen Friedhof der Engländer *(Cementerio de los Ingleses)* liegen Gefallene aus dem 19. Jahrhundert; manche Gräber sind verwildert. Die Erinnerung an Tod und Gefechte bricht kurzzeitig mit der Friedensstimmung. Symbolischer Beschützer über der Stadt ist eine Skulptur des heiligen Herzens Jesu *(Sagrado Corazón),* ein Werk des Bildhauers Federico Coullaut-Valera (1912–1989). Dann wieder taucht man ein in die Natur. In die Aussicht zum offenen Meer hin mischen sich Kiefern, Farne, Hortensien. Einfach fantastisch.

**Wo?**

Monte Urgull,
20003 San Sebastián

**Wann?**

Zugang auf den Monte Urgull von Mai bis September täglich 8–21 Uhr, während des restlichen Jahres 8–19.30 Uhr

**Wichtiges**

www.sansebastianturismoa.eus

# Eine ratternde Schienenkreuzfahrt, die Nostalgie mit Komfort verbindet.

Einfach abschalten bei dieser Kreuzfahrt auf Schienen. Zurücklehnen, runterkommen, persönliche Entschleunigung erfahren bei einem Durchschnittstempo von 45 km/h.

**Ein exklusives Erlebnis**

Den Standard an Bord genießen, die erstklassige Küche von Meeresfrüchten bis Lamm, die Weine, den persönlich gehaltenen Service. Der Transcantábrico-Zug, der zu ausgewählten Reiseterminen zwischen Frühling und Herbst acht Tage lang über die Schmalspurgleise in Nordspanien zuckelt, ist ein fahrendes Hotel mit wechselnden Bildern und Landschaften. Nicht verschwiegen sei, dass diese Exklusivität ihren Preis hat. Im Gegenzug bekommt man eine Menge an Abwechslung und Besichtigungsprogrammen geboten, für die man manchmal vom Zug auf einen Bus umsattelt. Stadt- und Ortsführungen sind ebenso im Reiseplan verankert wie ein Ausflug in den Nationalpark Picos de Europa. Über Nacht stehen die Räder des Transcantábrico gewöhnlich in einem Bahnhof still.

**Eine rollende Wohlfühl-Oase**

Der Zug ist ein Ruhe- und Friedenskokon, der unter seiner metallenen Außenhaut ein holzverkleidetes, nostalgisches Interieur verbirgt. Die Salonwagen stammen aus den 1920er-Jahren, doch der allgemeine Komfort steht auf der Höhe der Zeit; das gilt natürlich auch für die Abteile und die privaten Bäder.

Unterwegs zwischen dem Baskenland und Galicien (oder umgekehrt, je nach Route) tanzt der Zug sein Schienenballett, dabei schaukelt es manchmal beachtlich. Die Fensterscheiben sind die Großleinwände. Das ist großes Kino. Unaufhörlich fließt das Grün vorbei. Ein Patchwork aus Hügeln, Wäldern, Hecken, Streuobstwiesen, Pferde- und Rinderweiden. Je nach Gegend kommen Ausblicke auf Atlantikstrände hinzu, Hänge voller Heidekraut, Steilküstenabschnitte, Flussmündungstrichter. All das ist Balsam für die Seele.

**Wo?**

In Nordspanien; Reiseverläufe gewöhnlich von San Sebastián (nächster Bahnhof: Bilbao) und Santiago de Compostela (nächster Bahnhof: El Ferrol) und in umgekehrter Richtung

**Wann?**

Abfahrten normalerweise zwischen Mai und Oktober; acht Tage, sieben Übernachtungen an Bord

**Wichtiges**

Infos und Buchungen über Lernidee Erlebnisreisen in Berlin, www.lernidee.de

# Kulinarischer Höhenflug in einem der angesagtesten und authentischsten Restaurants.

Wer sich hier im Restaurant Arzak in San Sebastián, einem sternegekrönten Genusstempel, durch die Speisekarte schlemmt, wird sich vermutlich ewig daran erinnern.

**Gaumenfreuden ohnegleichen**

„Man wird sich wahrscheinlich kein Bild von Picasso kaufen können, aber einmal bei ‚Arzak' essen zu gehen, das kann man sich vielleicht leisten als Luxus im Leben", gibt der spanische Gastrojournalist Daniel Campanero die Antwort auf die Frage, warum man für ein Feinschmeckermenü einen Eurobetrag in dreistelliger Höhe ausgeben soll. Dann schiebt er hinterher: „Das ist Kunst, das ist Kreativität, das ist Avantgarde."

Keine Frage, ein Essen im sternegekrönten Restaurant ist eine Investition ins leibliche Wohl, die man wahrscheinlich noch nie so getätigt hat, und in einen kulinarischen Genuss, den man so wohl noch nicht erlebt hat. Küchenchefin Elena Arzak weiß um die Erwartungshaltung und legt sich mit ihrem Team an jedem Arbeitstag ins Zeug, als koste es das Leben.

**Alles für das Wohlbefinden**

Elena Arzak, geboren 1969, setzt die Tradition im Familienrestaurant fort, das seit Ende des 19. Jahrhunderts existiert. Ihr Vater, Juan Mari Arzak, war Mitte der 1970er-Jahre ein Mitbegründer der Strömung der sogenannten „Neuen baskischen Küche" *(Nueva Cocina Vasca)*. Er und eine Gruppe Gleichgesinnter interpretierten Althergebrachtes neu und reicherten es avantgardistisch an. Die Fachwelt horchte auf, dann der Rest der Welt. Das war nicht so geplant, es hagelte Michelin-Sterne.

Im Arzak hat bereits das Who's who von Hollywoodstars getafelt, doch für Elena Arzak ist jeder Gast gleich. Und das merkt man auch Tag für Tag. Einen Teil ihres Arbeitslebens verbringt sie im hauseigenen Labor des Restaurants, um innovative Ideen auszuprobieren. So richtig abschalten kann die Küchenpowerfrau nicht. Beim Strandurlaub greift sie gerne zu Zeitschriften, um sich durch Kochrezepte anderer inspirieren zu lassen. „Und manchmal kommt mir im Traum ein Rezept", sagt sie.

**Wo?**

Restaurante Arzak, Avenida Alcalde Elósegui 273, 20015 San Sebastián

**Wann?**

Nur nach Reservierung (E-Mail: informacion@arzak.es; Tel. 0034/943/278465), für die sich eine längere Vorlaufzeit empfiehlt; Mittagessen 13.15–15.15 Uhr, Abendessen 20.45–23 Uhr; Geschlossen So und Mo.

**Wichtiges**

www.arzak.es

# Eine magische Aura aus Grün – ein Tal, das voller Natur und Geschichte steckt.

Kann ein ganzes Tal an den Ausläufern der Pyrenäen ein *Soul Place* sein? Ja, warum eigentlich nicht?

**Natur wie aus dem Paradies gestohlen**

Grün, soweit das Auge reicht, Wasser im Überfluss, stolze Dörfer, Gehöfte – so sieht es im Tal von Baztan (Valle de Baztan) in Navarra, einem Ausläufer der Pyrenäen, und Umgebung aus. Das Tal im Vorpyrenäenland ist ein Mikrokosmos: 15 Orte und 8000 Einwohner stark, frei von Industrien, 364 Quadratkilometer groß, gelegen im Nordteil Navarras und damit im historischen Siedlungsgebiet der Basken, weshalb Baskisch bis heute verbreiteter ist als Spanisch. Der Regen hält die Pflanzenkleider frisch. Scherenschnittartig werfen sich rundherum Eintausendergipfel wie der Auza und der Gorramendi auf. Namensgeber des Tals ist das Flüsschen Baztan, das im größten Ort Elizondo über ein Wehr donnert. Einige Paläste stammen von sogenannten „Indianos": Emigranten, die es in Spaniens alten Kolonien in Lateinamerika – oft auf Kosten der Urbevölkerung und der Ressourcen, wie anzumerken sei – zu Wohlstand brachten und sich nach ihrer Rückkehr in die Heimat Prachtdomizile errichten ließen.

**Ein pittoreskes Dorf und ein Wasserfall**

Gäbe es einen Wettstreit um die schönste Dorfansicht, würde Ziga einen Spitzenplatz einnehmen. Überragt vom Turm der Renaissancekirche San Lorenzo, breitet sich ein steinernes Ensemble mit wappengeschmückten Häusern und Blumentopfdekors aus. Bei den Unternehmungen steht eine Wanderung vom Ort Erratzu zum Wasserfall Xorroxin obenan; hin und zurück sollte man zwei Stunden einplanen. Die Strecke zieht sich durch einen dichten Forst aus Eichen, Maronen, Buchen. Es würde nicht wundern, tauchte leibhaftig der Basajaun auf, der behaarte, massige Herr des Waldes, vor dem man sich zum Glück nicht fürchten muss. Ihn baute die Autorin Dolores Redondo in ihre auch auf Deutsch erschienene Baztán-Trilogie ein und verzahnte Krimistoffe mit Mythologie. Für diese oder anderweitige Lektüre bleibt abends Zeit in einem gemütlichen Landhotel.

**Wo?**

Das Tal von Baztan beginnt etwa 50 km nordöstlich von Navarras Hauptstadt Pamplona und wird von der Landstraße N-121 B durchzogen.

**Wann?**

Jederzeit, aber man muss sich stets auf Niederschläge einstellen.

**Wichtiges**

www.valledebaztan.com

# Eine Anlage, die einst schon für Pilger von enormer Wichtigkeit war, ist auch heute noch atemberaubend.

Die historische Anlage des Klosters von Roncesvalles in den Pyrenäen ist nicht nur ein Halt für Pilger, sondern ein kulturelles Highlight am Jakobsweg.

### Stopp im Tal der Dornensträucher

Geschafft! Für Jakobspilger hat die strapaziöse Überquerung der Pyrenäen im Kloster von Roncesvalles ein Ende. Knapp zwei Kilometer hinter der Passhöhe von Ibañeta empfängt der Komplex die Erschöpften mit einer Herberge. Doch für alle Reisenden markiert Roncesvalles einen Höhepunkt am Jakobsweg. *Roncesvalles,* das „Tal der Dornensträucher", war bereits im Mittelalter ein Auffangbecken für Pilger. Die Anlage greift weit aus, eine Mönchsgemeinschaft gibt es nicht mehr. Das Innere des bergkühlen Gemäuers der frühgotischen Stiftskirche lässt niemanden kalt. Der Lichteinfall durch hoch aufgerissene Buntglasfenster verzaubert den Raum. Unter einem Baldachin wacht die heilige Jungfrau von Roncesvalles mit dem Kind in Händen; das versilberte Zedernholzbildnis schuf ein französischer Meister im Stil der Gotik. Sakrales Erbe sind überdies zwei Kapellen etwas abseits an der Straße. Eine ist Jakobus geweiht, die andere heißt Sancti Spiritus und bewahrt in den Tiefen ein schauriges Beinhaus.

### Zeugnisse längst vergangener Zeiten

Krönung des Rundgangs ist das Museum, aufgezogen in einem einzigen Saal. Die Sammlung legt Zeugnis ab vom einstigen Reichtum und Ansehen des Augustinerklosters, dem Schenkungen aus ganz Europa zuflossen. Zu den Prunkstücken zählen der Silbereinband eines Evangeliars, auf das die Könige von Navarra im Mittelalter ihren Treueeid leisteten, und das sogenannte „Schachbrett Karls des Großen": ein gotisches Reliquiar, das Meister aus Montpellier mit Silber und Emaileinlagen fertigten. Ein polychromiertes Holzrelief aus dem 17. Jahrhundert zeigt, wie Jakobspilger dereinst in den Pyrenäen von Wölfen attackiert wurden. Das Fazit nach dem Museumsbesuch: Welch eine Schatzkammer voller Unikate!

**Wo?**

Monasterio de Roncesvalles, Landstraße N-135, 31650 Roncesvalles, Navarra

**Wann?**

Ostern bis Ende Okt. täglich 10–14 und 15.30–19 Uhr geöffnet, sonst 10–14 und 15–18 Uhr; Mitte Dez.–Feb. gewöhnlich geschlossen; das Museum und die Kapellen sind nur im Rahmen von Führungen zugänglich.

**Wichtiges**

www.roncesvalles.es/de/konigliche-stiftskirche-santa-maria-de-roncesvalles

# Drei Legenden und eine traumhafte Brücke aus dem Mittelalter.

Puente la Reina in der Region Navarra: Der Ort am Fluss Arga bewahrt die schönste Brücke am Jakobsweg und die Spuren von drei Legenden.

**Fantasie und Wirklichkeit**

Legenden sind das Salz in der Suppe des Reisens. In Puente la Reina, dem Vereinigungspunkt der Hauptjakobswege aus Jaca und Roncesvalles, halten sich gleich drei Geschichten lebendig.

Beginnen wir mit der Kreuzkirche *(Iglesia del Crucifijo)*. Im Inneren hängt ein gotisches Schnitzwerk des Gekreuzigten, das laut Legende Pilger aus dem Rheinland auf Schultern hierherbrachten. Der dramatische Ausdruck ist ergreifend und der Stamm in Y-Form gestaltet, Symbol für den Baum des Lebens. Folgt man dem Jakobsweg in den Ortskern, wartet die nächste Kirche – und mit ihr die nächste Legende. In der Jakobuskirche *(Iglesia de Santiago)* steht das Bildnis des sogenannten „Schwarzen Jakobus" auf einem Sockel an der Wand. Die gotische Skulptur zeigt den Apostel mit Hut, golden glänzendem Umhang und Wanderstab als Pilger. Schwarz ist er nicht mehr. Die Überlieferung klärt auf, warum man ihn so nennt. Eines Tages im Mittelalter verbreitete sich das Gerücht, ein feindlicher Angriff der Mauren stehe bevor. Die Dörfler schafften das Bildnis des Jakobus aus Sorge vor Schändung fort und vergruben es. Dies gelang ihnen derart gut, dass es nicht mehr auffindbar war. Erst lange danach stieß ein Bauer bei seiner Feldarbeit auf die Skulptur, die dreckverkrustet im Boden steckte. Daher: der „Schwarze Jakobus".

**Das verschwundene Vögelchen**

Der Schluss setzt den Höhepunkt: der Gang über die romanische Brücke, die schönste am Jakobsweg. Über dem höchsten Brückenbogen stand einst ein kleiner Turm mit einem Bildnis Mariens. Immer wieder, so verbürgt es die dritte Legende, tauchte ein Vogel auf und putzte das Gesicht der Gottesmutter mit dem Schnabel. Dann, um 1835, wurde das Bildnis weggeschafft – und das Vöglein nie mehr gesehen. Wer genau hinschaut, entdeckt im Stein die Verankerungseinlässe des Turms.

**Wo?**

31100 Puente la Reina

**Wann?**

Jederzeit, obgleich das schönste Licht am Vormittag auf der romanischen Brücke liegt.

**Wichtiges**

www.puentelareina-gares.es

# Ein Kirchenportal wie kein zweites. Farbige Motive, die eine Geschichte erzählen.

Hinter einem schützenden Vorbau des Gotteshauses Santa María de los Reyes verbirgt sich ein einzigartiger Schatz: das polychromierte Steinportal.

### Wer suchet, der findet

Die Spannung steigt in den Dorfgassen vom baskischen *Laguardia,* was übersetzt „Die Wache" bedeutet. Im Mittelalter schirmte der Wehrort das Königreich Navarra nach Kastilien hin ab und imponierte weithin sichtbar mit seinen Mauern. Das historische Gepräge hat sich bis heute erhalten, doch der wahre Schatz liegt versteckt. Nichts deutet von außen auf das hin, was sich hinter dem Zugang in die Kirche Santa María de los Reyes verbirgt. Jedem, der den schützenden Vorbau des Gotteshauses passiert, verschlägt es die Sprache. Man wird überwältigt von einem Riesenportal aus bemaltem Stein. Eine Sturzflut aus Farben, Reliefs, überlebensgroßen Skulpturen. Ein Meisterwerk wie kein zweites dieser Art in Spanien. Das gotische Portal erlebte Ende des 17. Jahrhunderts seine Neubemalung und ist seither niemals restauriert, sondern vor Jahrzehnten lediglich einmal gereinigt worden.

### Eine Geschichte gekonnt in Szene gesetzt

Zentral auf einer Säule ist Maria platziert. Leicht erhöht steht sie über den Bildnissen der Apostel, die die Seiten auf Sockeln flankieren, allesamt gehüllt in Gewänder mit minutiös herausgearbeiteten Faltenwürfen. Die Reliefs im Bogenfeld thematisieren Szenen aus dem Leben Mariens, die anderweitig geläufig sind – aber nicht unbedingt auf diese Art. Bei der Anbetung der Weisen aus dem Morgenland steht dem farbigen König ein ebenso farbiger Diener zur Seite, der die Pferde hält. Und am Sterbebett Mariens fließen tatsächlich Tränen der trauernden Apostel; Johannes hat sich am stärksten vornüber geneigt und hält die kreideweißen Hände der Gottesmutter. Die Darstellung dürfte schon vor Jahrhunderten die Menschen berührt haben, die des Lesens und Schreibens nicht kundig waren und nun einem geöffneten Bilderbuch gegenüberstanden.

**Wo?**

Iglesia de Santa María de los Reyes, Calle Mayor 1, 01300 Laguardia

**Wann?**

Die Führungen in der Kirche laufen über das Fremdenverkehrsamt (Oficina de Turismo) in der Calle Mayor 52 in Laguardia; Teilnahme telefonisch (0034-945-600845) oder per E-Mail (turismo@laguardia-alava.com).

**Wichtiges**

www.laguardia-alava.com

# Berauscht von Wein und Architektur – ein futuristisches Gebäude bricht mit der Umgebung.

Ein Highlight für die Geschmacksknospen – und obendrein bietet die ungewöhnliche Bodega Marqués de Riscal etwas Spektakuläres fürs Auge.

**Irgendwo im Nirgendwo**

Eigentlich ist Elciego fast nicht auf der Landkarte zu finden. Unscheinbar liegt der 1000-Einwohner-Ort im Weinbaugebiet Rioja Alavesa, wo das Baskenland und die Rioja verschmelzen und die Böden seit alters her Rotweine von Spitzenqualität hervorbringen. Wer auf Elciego zufährt, traut indes seinen Augen nicht. Zwischen die gewöhnlichen Steinhäuser und die Kirche San Andrés mit ihren Renaissancetürmen drängt sich ein futuristischer Bau, der auf niemand Geringeren zurückgeht als den nordamerikanischen Stararchitekten Frank O. Gehry. Der ließ sich aus einer Weinlaune heraus darauf ein, das Wahrzeichen und Statussymbol der traditionellen Kellerei Marqués de Riscal zu entwerfen. Heraus kam – Luxushotel inklusive – der Rolls-Royce unter den modernen Weinpalästen, die in der Region seit der Jahrtausendwende entstanden sind. Die titanverkleidete Dachkonstruktion strebt wie Bilbaos Guggenheim-Museum blütengleich himmelwärts, nur kleiner. Durchdrungen von Elementen der Weinfarbe Rot, scheint das Bauwerk regelrecht zu schweben.

**Neues und Altes**

Abseits des Neuen leiten Führungen in die alten Schatzkammern des Weines mit ihren Eichenholzfässern und Edelstahltanks. Hier taucht man in die Geschichte der Kellerei, die ins Jahr 1858 zurückreicht, und in die Reifeprozesse der Edeltropfen ein; das Nonplusultra sind die Reservas und Gran Reservas. Nicht fehlen darf am Ende des Rundgangs die Kostprobe.

Bei aller Begeisterung für die Architektur sei eingeräumt, dass Gehrys Bauwerk als Fremdkörper komplett mit der Umgebung bricht und wahrscheinlich nicht jedermanns Geschmacksnerv trifft. Wer sich aber darauf einlässt, kommt zu dem Schluss: ein *Soul Place* für die Sinne.

**Wo?**

Bodega Marqués de Riscal/ Ciudad del Vino, Calle Torrea 1, 01340 Elciego

**Wann?**

Reservierung der Teilnahme an einer Führung über das Formular auf der Homepage; wechselnde Zeiten und verschiedene Besuchsmodelle (somit auch Preise); Führung gewöhnlich auf Spanisch oder Englisch

**Wichtiges**

www.marquesderiscal.com

# Mariengrotte im Buntsandstein. Ein unerwartetes Wunder.

Der ungewöhnliche Zutritt in die Mariengrotte befindet sich am Jakobsweg. Genauer: im Kloster Santa María la Real in Nájera, Region La Rioja.

**Umgeben von Stein**

Es ist ein schmaler, unscheinbarer Zugang direkt an den Felsen entlang, ganz hinten in der Klosterkirche, abgehend von der königlichen Grablege mit zwei knienden Figuren an den Seiten. Ein paar Augenblicke nur, dann steht man inmitten der kleinen Höhle, umgeben von rötlichen Sandsteinwänden. In gedämpftem Licht sitzt eine kleine Skulptur auf einem Thron. Es ist die „königliche Maria", Santa María la Real, die Namensgeberin des Klosters von Nájera, dessen Ursprung auf dem Grottenwunder fußt – und das soll sich genau an dieser Stelle zugetragen haben.

**Ein sagenhafter Fund**

Es begab sich um 1044, als Navarras Monarch García Sánchez III. mit seinen Getreuen eines Tages zur Jagd ausritt. Plötzlich tauchte in der Ferne ein Rebhuhn auf, auf das man den königlichen Falken losließ. „Ein rascher Fang", dachte García und hatte sich getäuscht. Das Rebhuhn kämpfte um sein Leben und narrte ein ums andere Mal seinen Verfolger. Dann verschwanden die Vögel in einem Waldstück, das an ein Buntsandsteinmassiv stieß. Als der königliche Tross den Waldrand erreichte, hielten die Männer vergebens Ausschau. García stieg vom Pferd und bahnte sich den Weg zwischen Bäumen und Sträuchern hindurch, bis er die Konturen eines Höhleneingangs entdeckte. Aus dem Innern drang ein Lichtschein, der ihn wie magisch anzog. Er trat ein und fuhr erschreckt zusammen. In der Grotte stand ein kleiner Altar mit einem Marienbildnis, wie es der Herrscher ergreifender nie gesehen hatte. Auf dem Lehmboden saßen das Rebhuhn und der Falke in friedlicher Eintracht beieinander. Überwältigt sank García auf die Knie und gelobte, hier ein Kloster zu errichten.

Diese Aura in der Natursteinhöhle, verknüpft mit der Erinnerung an das Grottenwunder, ist ein ganz besonderer Halt am Jakobsweg.

**Wo?**

Monasterio de Santa María la Real, Plaza Santa María, 26300 Nájera

**Wann?**

Di–So 10–13.30 und 16–17.30 Uhr, März–Oktober Di–Sa abends bis 19 und So bis 18 Uhr. Juli–September zusätzlich montags geöffnet; Januar–März sonntags nachmittags geschlossen

**Wichtiges**

www.santamarialareal.net

# Stelzentänzer im Rausch. Kunterbunte Kleidung und Schwindelfreiheit.

Volksfeste erlauben einen tiefen Blick in die Seele Spaniens, so auch in Anguiano, einem Dorf in der Weinregion La Rioja. Zweimal jährlich, im Juli und September, haben dort die Stelzentänzer ihre großen Auftritte.

**Musik und Tanz**

Sie tragen keine Helme und kennen keine Furcht, wenn sie auf kurzen, spitzen Stelzen die Treppe unterhalb der Dorfkirche und eine steile Gasse durch ein Nadelöhr aus Zuschauern hinabwirbeln. Dann drehen sie sich um die eigene Achse, dass einem schon beim Zusehen schwindlig wird. Dabei flattern ihre bauschigen Röcke, während sie beidhändig mit Kastagnetten klappern. Die Rede ist von den Stelzentänzern von Anguiano, die an die Traditionen ihrer Vorväter anknüpfen. Dokumentiert ist der Stelzentanz *(Danza de los Zancos)* seit dem 17. Jahrhundert und könnte sich an ein archaisches Schäferritual anlehnen. Die Tänzer – immer acht an der Zahl und musikalisch befeuert durch eine Kapelle – sind die Hauptfiguren bei den Dorffesten im Juli und September. Sorgsam bekommen sie von Helfern zunächst eine Schärpe angelegt, einen Unterrock und einen schweren, blumengemusterten Rock aus Damast. Die Füße stecken in weißen Kniestrümpfen und Hanfschuhen. Die Buchenholzstelzen werden um Sohle, Hacke und den Bereich unterhalb der Kniescheibe geknotet, die ihrerseits durch ein Polstersäckchen geschützt wird. Bis zum Abschnüren später im Unterdorf gibt es kein Entrinnen mehr.

**Nicht ungefährlich**

Dass die Tänzer auf den Stelzen die Balance und den Rhythmus halten können, grenzt an ein Wunder. Es handelt sich schließlich nicht um Profiartisten, sondern um gewöhnliche Männer aus dem Ort. Übernatürliche Geheimnisse stecken nicht dahinter. „Nur nicht auf den Boden schauen", sagt Javier, einer der Tänzer, lapidar: „Sobald man auf den Boden schaut, liegt man unten." Dann stürzen sich Javier und die anderen Tanzteufelskerle wie in Trance durch die Gasse hinab, wie im Rausch, völlig losgelöst.

**Wo?**

26322 Anguiano; die schmale Gasse der Stelzenläufer heißt Cuesta de los Danzadores.

**Wann?**

Jeweils mehrere Tänze beim Patronatsfest zu Ehren der heiligen Maria Magdalena um den 22. Juli sowie beim Erntedankfest Ende September.

**Wichtiges**

http://lariojaturismo.com, Videos auf Youtube

»Sie tragen keine Helme und kennen keine Furcht, wenn sie auf kurzen, spitzen Stelzen die Treppe unterhalb der Dorfkirche und eine steile Gasse durch ein Nadelöhr aus Zuschauern hinabwirbeln.«

# Barfuß durch die Höllenglut. Hexenwerk oder reine Physik?

Nur wenige Reisende finden das Jahr über den Weg hierher, doch in der Johannisnacht ist San Pedro Manrique als extra heißer Ort nicht zu toppen. Dann treten die Glutgeher in Aktion.

**Einmal im Jahr**

Nein, es geht alles mit rechten Dingen zu. Nein, da werden definitiv keine Tricks angewandt. Trotzdem gibt es Dinge zwischen Himmel und Erde, die unerklärlich bleiben. So wie der „Gang durch das Feuer" *(paso del fuego),* der sich alljährlich in der Johannisnacht vom 23. auf den 24. Juni in San Pedro Manrique abspielt. Vor den Augen zahlreicher Schaulustiger passieren Dörfler barfuß einen meterlangen Teppich aus Glut. Der Untergrund ist vorher sorgsam gekehrt und von Steinchen befreit worden. „Es wird behauptet, dass nur die Dorfbewohner sich bei diesem Ritual nicht verbrennen", heißt es. Der Ort San Pedro Manrique liegt auf der Hochebene von Kastilien-León im spanischen Abseits. Zu sehen gibt es wenig. Burgruinen, die Kapelle Virgen de la Peña, Gassen, Bruchsteinhäuser. In der Nähe finden sich versteinerte Dinosaurierspuren. Die Provinzhauptstadt Soria liegt vierzig Straßenkilometer südwestlich.

**Eine schmerzhafte Vorstellung**

Doch in der Johannisnacht ist alles anders. Dann rücken Besucherscharen und Fernsehteams an, um gegen Mitternacht hautnah beim Unglaublichen dabei zu sein. Dann schreiten Auserwählte des Dorfes – mehrheitlich Männer – vor den Tribünen durch die Höllenglut. Dass dies weitgehend unbeschadet geschieht, ist nicht nur mit Willensstärke zu erklären oder dass man sich der göttlichen Instanz anvertraut. Die Schritte müssen fest und gleichmäßig sein. Noch fester treten jene auf, die eine Person geschultert haben. Die Stampftechnik soll die entscheidenden Augenblicke lang die Zufuhr an Sauerstoff unterbinden, die der Verbrennungsvorgang benötigt. „Der Erste, der überrascht ist, dass nichts passiert, bin ich selber", bekräftigt Enrique, ein erfahrener Glutgeher.

**Wo?**

42174 San Pedro Manrique

**Wann?**

In der Johannisnacht vom 23. auf den 24. Juni; die Vorbereitung des Feuers für die Glut beginnt gegen 21 Uhr, ab Mitternacht sind die Glutgeher an der Reihe.

**Wichtiges**

www.sorianitelaimaginas.com, Videos auf Youtube

# Klosterpracht im Gebirge. Sonnenuntergang, alte Gemäuer und leckerer Likör.

Das Kloster Leyre in der Region Navarra bietet eine faszinierende Abfolge an Eindrücken mit der romanischen Krypta, der Kirche und einer Steinbank als Platz für den Sonnenuntergang.

**Mit Mönchen in Kontakt**

Die Auffahrt in die Einsamkeit der Berge der Sierra de Leyre ist nur der Anfang der Entdeckungen. Im geschichtsträchtigen Benediktinerkloster San Salvador de Leyre führen die Wege in die Krypta, vor die Fassade der Kirche, in die Kirche hinein – und in die Kneipe, wo eine Spezialität der Mönche serviert wird, nämlich der auf einem Geheimrezept basierende Kräuterlikör. Daran lag es jedoch nicht, als eines Tages ein Abt namens Virila ins Gebirge aufbrach und in einen 300-jährigen Schlaf fiel. Er hatte schlichtweg dem Gesang einer Nachtigall gelauscht. Die Krypta ist ein kunsthistorisches Ereignis der Romanik in Spanien. Tief im Boden stecken die wuchtigen Säulen mit ihren Kapitellen und überhöhten Bögen. Die romanisch-gotische Kirche empfängt mit einem geneigten Säulenwald und einer punktgenau angestrahlten Madonna. Bei ihren Abendmessen stimmen die Benediktiner in der Kirche gregorianische Gesänge an, was allein eines Besuches würdig wäre, obgleich die Stimmen der angejahrten Gemeinschaft brüchig geworden sind. Doch draußen vor der Kirchentür, genauer: Unterhalb der Treppe auf einer langgestreckten Steinbank, liegt der schönste Freiluftplatz für die Seele, ideal zum Sonnenuntergang.

**Idylle mit Sandsteintönen**

Von hinten drängt das Grün heran, spürt man die langsam versickernde Kraft der Strahlen. Voraus schaut man auf zum Kirchenportal, das des Tages letztes Licht in warme Sandsteintöne eintaucht. Der Heiland bestimmt das Bogenfeld in der Geste des Segnens, sein Gewand hat feine Faltenwürfe. Die Archivolten sind gefüllt mit Pflanzen, Fantasietieren, Fratzen, Symbolen von Sünden und Tugenden. Wer solch ein geöffnetes Bilderbuch vor sich hat, braucht für die Rast auf der Bank kein echtes Buch oder E-Book mehr.

**Wo?**

31410 Monasterio de Leyre

**Wann?**

Die Klosteranlage öffnet täglich 10–19, über Winter 10–18 Uhr; gregorianische Gesänge täglich um 19 Uhr; der Zugang vor das Kirchenportal ist jederzeit frei möglich.

**Wichtiges**

www.monasteriodeleyre.com

# Ausblicke auf die Pyrenäen, eine wegweisende Kathedrale, Rotwild in den alten Burggräben.

Oft schicken die Pyrenäen ihren kühlen Atem hinab ins Gebirgsvorland nach Jaca, das sich in der Region Aragonien auf einer Höhe von 820 Metern ausbreitet. Die Bergriesen, die im Winter Überzüge aus Eis und Schnee tragen, liegen in Sicht – und die nächsten Skigebiete nicht weit entfernt. Zwischen Frühling und Herbst verschwindet die weiße Pracht.

## Einblicke in Spaniens Geschichte

Zu jeder Jahreszeit punktet Jaca als beschauliches, friedliches Städtchen. Das war nicht immer so. Noch bevor sich die Ströme der Jakobspilger ab dem Mittelalter vom Pyrenäenpass Somport hinabwälzten, schmetterten die Bewohner 760 einen Angriff der Mauren ab. Jahrhunderte später, zu Zeiten der Renaissance, befahl Spaniens König Philipp II., aus Furcht vor Übergriffen der Franzosen, den Bau der Zitadelle *(ciudadela)*, die sich in Form eines fünfstrahligen Sterns ausdehnt. In den historischen Burggräben werden Rehe und Hirsche gehalten – ein ungewöhnlicher Anblick. Der Rotwildbestand liegt etwa bei 25–30 Tieren, die sich als natürliche Rasenmäher betätigen. Die Zitadelle lässt sich gut zu Fuß umrunden.

## Religion hautnah

Die Kathedrale war ein wegweisendes Bauwerk der Romanik in Spanien. Hinter dem Hauptzugang öffnet sich ein zumeist etwas düsteres Inneres. Die Reliquienschreine im Altarraum beinhalten die Reste der Stadtpatronin Orosia, des Jakobusschülers Indalecio sowie der Brüder Voto und Félix, die laut Legende das nahe Kloster von San Juan de la Peña begründeten. Der heiligen Orosia ist überdies eine schöne Kapelle geweiht, gleich hinter dem Hauptportal links. Kein Besuch wäre komplett ohne das Diözesanmuseum mit seinen romanischen Wandmalereien. Als Ausgehpflaster erstaunt Jaca (13.000 Einwohner) mit seiner Dichte an Kneipen und Restaurants. Hochgerechnet kommt auf etwa 100 Einwohner eine Gastro-Adresse.

**Wo?**

22700 Jaca

**Wann?**

Jederzeit; im Winter machen viele Wintersportler Station.

# Maria, Jakobus und Goya am Ebro. Mythos, Kunst und Architektur vereint.

Der Flusslauf des Ebro ist das Rückgrat von Zaragoza, wo Maria dem Apostel Jakobus erschien und der Maler Francisco de Goya lange lebte.

## Hoffnungsschimmer

Eine Legende besagt, dass es im Jahre 40 in der Römersiedlung Caesaraugusta geschah, dem heutigen Zaragoza, Hauptstadt der Region Aragonien: Die heilige Gottesmutter Maria erschien dem Apostel Jakobus an den Flussufern des Ebro. Jakobus war während seiner (vermeintlichen) Mission in Spanien an die Grenzen gestoßen. Kaum jemand hatte ihm Gehör geschenkt. Ignoranz und Misstrauen waren ihm entgegengeschlagen. Nun schwebte Maria in einem Strahlenkranz zu ihm hinab und wurde von Engeln auf einer Säule abgesetzt. Sie sprach ihm Mut zu und gebot, ihr zu Ehren ein Heiligtum zu errichten. So entstand das erste Mariensanktuarium der Welt, so sagt man. In der baulichen Nachfolge steht die, die mit ihrem Ensemble aus Türmen und Kuppeln die Altstadt beherrscht: die Basilika Virgen del Pilar, was übersetzt „Jungfrau von der Säule" bedeutet. Die Glaubensburg und der benachbarte Ebro verschmelzen zu prägnanten Bildern. Was realgeschichtlich an dem Bericht um Jakobus und die Säulenjungfrau dran ist, wird sich nie ergründen lassen. Fest steht, dass der Ausblick von einem der Kathedraltürme unübertrefflich ist: hoch über der Altstadt, dem Fluss, den Brücken, den buntglasierten Fliesenüberzügen der Domkuppeln.

## Mehr als nur eine nette Geschichte

Die Kathedrale bringt gleichzeitig auf die Spur des Malers Francisco de Goya (1746–1828), der als Kind und junger Mann lange in Zaragoza lebte. Im Dom wirkte er bei Gewölbemalereien mit und ist gleichermaßen in Museen vertreten: dem Zaragoza-Museum und dem Goya-Museum. Für Architektur quer durch zwei Jahrtausende stehen Zaragozas Römerreste und die über den Ebro zum einstigen Weltausstellungsgelände führende Pavillon-Brücke der Architektin Zaha Hahid (1950–2016). Der Fluss animiert, sich an den Ufern irgendwo niederzulassen wie einst Jakobus. Dass abermals Maria auftaucht, ist eher unwahrscheinlich.

### Wo?

50003 Zaragoza

### Wann?

Zugangszeiten berücksichtigen; die Basilika öffnet täglich, das Zaragoza-Museum (www.museodezaragoza.es) und Goya-Museum (span.: Museo Goya – Colección Ibercaja; http://museogoya.ibercaja.es) nur Di–So.

### Wichtiges

www.zaragoza.es

»Der Fluss animiert, sich an den Ufern irgendwo niederzulassen wie einst Jakobus.«

# Unterwegs im Landstrich erloschener Vulkane. Einst kochte hier die Erde.

Über den Landstrich La Garrotxa verteilen sich 40 erloschene Vulkane; das Gebiet steht unter Naturschutz.

**Versiegt, aber nicht vergessen**

„Es gibt auf der Iberischen Halbinsel nichts Vergleichbares an Vulkanzonen, ansonsten muss man auf die Kanaren fliegen", sagt Laura Fernández, die als Führerin im Vulkanpark La Garrotxa (katalanisch: *Parc Natural de la Zona Volcànica de la Garrotxa*) arbeitet. Längst sind die Lavaströme versiegt, aber nicht vergessen. Sie erinnern an Eruptionen, die mehr als 10.000 Jahre zurückliegen. Damals kochte die Erde im Landstrich La Garrotxa. Heute steht das Gebiet mit seinen 40 erloschenen Vulkanen unter Schutz.

**Auf den zweiten Blick**

Strategisch günstiger Ausgangspunkt für Entdeckungen ist das Städtchen Olot, wo das Vulkanmuseum (katalanisch: *Museu dels Volcans*) ins Thema vertieft. Dass es sich bei den Hügeln und Buckeln im Umland tatsächlich um Vulkane handelt, sieht man ihnen nicht gleich an. Längst tragen sie Überzüge aus dichter Vegetation. Eine gute Tarnung. So bemerkt man die Vergangenheit des Vulkans Croscat erst richtig, wenn man ein Stück um ihn herummarschiert; der Wanderparkplatz liegt an der Straße zwischen Olot und Santa Pau. Spektakulär ist die rostbraune, auseinandergerissene Erde. Da blickt man geradewegs auf die verschiedensten Gesteinsschichten. Wie die Gewalt der Natur am Croscat das Erdinnerste nach außen gekehrt hat, ist sehenswert. Szenenwechsel im selben Gebiet. Kurz, aber stramm ist der Aufstieg durch Eichen-, Steineichen-, und Buchenwald an den Kraterrand des Vulkans Santa Margarida – und dann hinunter. Mitten im Krater wechseln sich Wiesenzonen und Vulkanasche ab. Kurios im Krater ist die Bruchsteinkapelle, die voller Gottvertrauen erbaut worden sein dürfte – auf dass die Ausbrüche nie mehr wiederkehren. So kann man sich nahe der Kapelle beruhigt ein Plätzchen für die Rast im Grünen suchen.

**Wo?**

Der Vulkanpark La Garrotxa liegt im nordöstlichen Katalonien. Avinguda de Santa Coloma 47, 17800 Olot, Girona

**Wann?**

Prinzipiell jederzeit; in Olot hat allerdings das Vulkanmuseum (http://museus.olot.cat) montags geschlossen.

**Wichtiges**

http://es.turismegarrotxa.com
http://parcsnaturals.gencat.cat

# Im Bann von Dalí. Skurril und aufsehenerregend.

In seiner Geburtsstadt Figueres verwandelte Kunstgenie Salvador Dalí (1904–1989) das Stadttheater in ein museales Gesamtkunstwerk.

### Da scheiden sich die Geister

„Wo, wenn nicht in meiner Heimatstadt, sollte das Außergewöhnlichste und Solideste, was ich je geschaffen habe, überdauern?", fragte sich Salvador Dalí. Gesagt, getan. Da er das Theatralische liebte und die Selbstinszenierungen, war das Stadttheater der ideale Platz. Er gestaltete es zum Gesamtkunstwerk um, zu seinem größten Vermächtnis. Es liegt am Platz, der nach ihm und seiner Muse Gala benannt ist, der Plaça de Gala i Salvador Dalí. Das Bauwerk, teils überzogen mit Brotreliefs und gekrönt von gigantischen Eierskulpturen, erhebt sich neben dem Kirchturm von Sant Pere. Dieser löste beim jungen Salvador hormonelle Antriebe aus. Das Gemälde, das ihm „von allen auf der Welt am besten" gefalle, schrieb er einmal, sei das eines Glockenturms von Jan Vermeer van Delft (1632–1675). Da er Vermeer sehr beneide, so Dalí weiter mit einem untypischen Understatement, „weil ich nicht so gut wie er malen kann, habe ich immer auf der Dachterrasse unseres Hauses masturbiert, wenn die Sonne unterging und den Glockenturm von Figueres berührte." Der oberste Teil des Turms spiegelt sich in der Glasfront, die im Museumstheater den Innenhof von der Bühne trennt. Und da steckt man mittendrin – im Dalí'schen Kosmos der Kuriosa, der durch die Säle trägt.

### Genie oder Wahnsinn

Die Zeugnisse seiner Schaffenskraft spannen sich quer durch Stile, Epochen, Materialien. Das Prädikat „Einfach irre" greift den Verstand des Betrachters derart an, dass man plötzlich den Feuerlöscher an der Wand für ein weiteres Exponat hält. Das Kabinett der Skurrilitäten findet seinen Gegenpol in der Krypta. Der düstere Raum mit dem Grab von Salvador Dalí fordert fast zur Andacht heraus. Die letzte Ruhe des Kunstgenies ist überraschend schlicht.

**Wo?**

Teatre-Museu Dalí, Plaça Gala i Salvador Dalí 5, 17600 Figueres

**Wann?**

Juli und August täglich 9–20 Uhr, sonst Di–So 10.30–18 Uhr

**Wichtiges**

www.salvador-dali.org; über die Homepage ist eine Online-Reservierung mit Angabe von Tag und Uhrzeit etwas günstiger als das Ticket an der Kasse.

# Küstenwandern zum Kap. Zum östlichsten Punkt der Iberischen Halbinsel.

Etwa acht Wanderkilometer sind es von Cadaqués zum Kap Creus – das Ganze war auch Lebensraum von Salvador Dalí.

**Kindheit eines Künstlers**

Der Küstenort Cadaqués allein ist schon einen Besuch wert: ein Ensemble aus Buchten und weißen Häusern. Dort verlebte Spaniens surrealistischer Bürgerschreck Salvador Dalí (1904–1989) Teile seiner Kindheit und Jugend, schöpfte früh Inspirationen für Gemälde. Hinter dem Hauptstrand La Platja ehrt ihn ein Denkmal. Das ist der ideale Startpunkt für eine Wanderung nordostwärts zum legendären Kap der Costa Brava: dem Cap de Creus, das als Naturpark deklariert ist. Etwa acht Kilometer sind es von hier – die man auch wieder zurückmuss. Als „Wanderroute" ist der erste Abschnitt bis Port Lligat eher enttäuschend. Zu viel Asphalt. Macht aber nichts, denn nur so nähert man sich langsam dem Dorf Port Lligat, wo sich Dalí und seine Muse Gala aus Fischerkaten ein Prachthaus voll spleeniger Details und Winkel schufen. Unterhalb breitet sich ein kieseliger Strand aus, flicken Fischer die Netze wie zu alter Zeit.

**In die Natur**

Hinter Port Lligat verebbt der Trubel um Dalís besuchbares Domizil, folgt man dem markierten Wanderweg. Mittagsblumen setzen Farbkleckse in Violett. Auf einem Pfadstück staut sich die Hitze. Dann wird man geschluckt von einem Kiefernhain, neben dem Feigenkakteen wuchern. Der Weg passiert Senken und Wurzelwerk, ist gesäumt von Felsen, Agaven, Baumheide, Ginster, Wacholder. Lavendel duftet. Im Frühjahr blühen die Zistrosen. Die See liegt glasklar in der Tiefe; ein Abstecher verführt zum Badestopp in einer kleinen Bucht. Dann heißt es: Kap in Sicht! Leuchtturm, Straße und Parkplatz stehen für die Rückkehr zur Zivilisation. Ankömmlinge haben Steinmännchen gebaut. Der schroffe Zauber der Costa Brava erreicht einen Höhepunkt. Spaniens nordöstlichste Ausläufer versinken am Cap de Creus im Meer.

**Wo?**

17488 Cadaqués

**Wann?**

Zu jeder Jahreszeit; 2021 wurde das Pilotprojekt gestartet, im Sommer die Straße zum Kap für den privaten Fahrzeugverkehr zu sperren, weshalb es dann ruhiger zugeht (abgesehen von Zubringerbussen).

**Wichtiges**

www.visitcadaques.org
http://parcsnaturals.gencat.cat
www.salvador-dali.org (Besuche des Dalí-Hauses in Port Lligat)

# Symphonie aus Stein. Ein Dorf zum Verlieben und Bestaunen.

Im Küstenhinterland der Costa Brava kann dem denkmalgeschützten Dorf Peratallada in der Provinz Girona kaum ein anderes das Wasser reichen.

**Auch Bekanntes hat seinen Reiz**

Hineinspaziert ins Mittelalter! Wenn in einem Dorf wie diesem nicht das Herz aufgeht – wo dann? Peratallada ist Liebe auf den ersten Blick und zieht wie ein Sog hinein in ferne Zeiten. Der Name leitet sich von „bearbeitetem Stein" ab – und davon gibt es hier mehr als genug. Die großen Ortsrandparkplätze werfen ein Licht auf größere Anstürme und darauf, dass wir es nicht mit einem „Geheimtipp" zu tun haben. Und dass Restaurants, Unterkünfte und Geschäfte den Kommerz vorantreiben, ist legitim und im deutschen Rothenburg ob der Tauber nicht anders. Das macht weder Rothenburg noch Peratallada schlechter. Inmitten des Landstrichs Empordà gelegen, war Peratallada eine der am stärksten bewehrten Siedlungen in Katalonien. Deutlich eindrucksvoller als das Burgpalais im Dorfkern sind die Verteidigungstürme. Die Kirche steht kurioserweise außerhalb des Mauerverbunds auf der anderen Seite der Randstraße.

**Durch das Dorf schlendern**

Der Dorfspaziergang führt in einen wunderbaren Irrgarten aus Gassen und Durchgängen. Über Tag fluten Sonnenstrahlen das Pflaster. Blumentöpfe werfen ihre Schattenrisse auf Bruchsteinmauern. Kunstvolle Laternen geben ebenso Fotomotive ab wie Bögen, Bruchsteinkamine, Minifenster mit Blumenkästen, eine efeuüberzogene Fassade, Keramiktöpfe mit Pflanzen neben Häusern. „Trinkwasser" steht an einem Brunnen. Tauben gurren. Eine Katze huscht vorbei. Was soll's, dass die moderne Pflasterung auf dem Burgplatz nicht ins Bild passt? Kehrt man nach Einbruch der Dunkelheit zurück, ist das ein Unterschied wie Tag und Nacht. Die meisten Besucher sind längst weg. Eingetaucht in Stille und in das Orange der Laternenlichter liegt das denkmalgeschützte Dorf da. Eine Symphonie aus Stein.

**Wo?**

17113 Peratallada

**Wann?**

Jederzeit über Tag, aber es hat einen magischen Touch nach Sonnenuntergang.

**Wichtiges**

www.visitperatallada.cat

# Spiegelbild verschiedener Zeitalter. Eine Stadt vereint die Jahrhunderte.

Wer sich Zeit nimmt, spürt der überraschenden Vielgesichtigkeit der Provinzhauptstadt Kataloniens am Fluss Onyar nach. In Girona an den Flussufern des Onyar, vor allem in der Altstadt, findet man an jeder Ecke etwas zu entdecken. „Hier will ich nie leben", dachte Stadtführer Quim Puerto, als er als Kind zum Arzt nach Girona musste. Rückblickend empfand der an der Küste aufgewachsene Junge die Inlandsstadt als „feucht und verwahrlost". Nun lebt er seit Langem hier und ist begeistert von „dem Konzentrat aus 2000 Jahren Geschichte, der Kultur, der Gastronomie", dem Wandel von „niedergegangen" zu „lichterfüllt", wie er sagt. Dahingehend am schönsten präsentiert sich Girona am Fluss Onyar, wo sich die farbigen Häuserreihen im Wasser spiegeln.

### Fortschritt in düsteren Zeiten

Der Gang durch die Altstadt vereint Bilder von Gassen, Plätzen, Kopfsteinpflaster, Bruchsteinfassaden, Balkonen mit trocknender Wäsche. Was idyllisch wirkt, war im Mittelalter mit Tragik behaftet. Damals war der Stadtteil Call das Judenviertel Gironas, eines der größten und wichtigsten in Spanien. Es gab Synagogen, Bäder, eine kabbalistische Schule, Wohnhäuser mit Innenhöfen und Gärten. Girona brachte Gelehrte, Dichter, Ärzte hervor. Doch auf Dauer stieg die Intoleranz gegenüber den Andersgläubigen. Das Pogrom 1391 bedeutete den Anfang vom Ende der Vertreibung; das Thema vertieft das Jüdische Geschichtsmuseum.

### Ein Sammelsurium der Stile

Während im Judenviertel wirklich Juden lebten, aalten sich in den „Arabischen Bädern" (katalanisch: *Banys Àrabs*) niemals Araber. Die Anlage aus dem Mittelalter wurde einzig dem Stil eines maurischen Badehauses nachempfunden. Ab dort schafft ein Aufstieg Anbindung an die Stadtmauerpromenade; der Perspektivwechsel über Häuserdächer und Gärten ist fantastisch. Im Blick liegt die Kathedrale, zu der eine Freitreppe aufsteigt. Die Treppe ist auch ein wunderbares Fotomotiv.

**Wo?**
17004 Girona

**Wann?**
Jederzeit

**Wichtiges**
www.girona.cat

# Tiere, verknüpft mit einer grausamen Legende. Bis heute halten Gänse die Geschichte lebendig.

Das Federvieh gehört zur Kathedrale von Barcelona. Dass im Garten des Kreuzgangs der Kathedrale dreizehn Gänse leben, hat seinen Grund. Das erklärt eine Legende um die heilige Eulalia.

### Ungewöhnlicher Ort

Tritt man von der Kathedrale Barcelonas hinaus in den Kreuzgang und fühlt sich von der Kühle der Bögen umarmt, traut man seinen Augen und Ohren nicht. Hinter den Gittern, im zentralen Garten, schnattern Gänse. Wer durchzählt, kommt auf dreizehn. Tierschützer mögen den Lebensraum bemängeln, doch es gibt zumindest freien Auslauf, Pflanzen, einen Teich. Um die Präsenz der Gänse zu erklären, muss man den Bogen zur heiligen Eulalia spannen, die ihr Martyrium erlitt und in der Kathedrale begraben liegt. Dazu in kurzen Zügen ihre Legende.

### Die Kraft des Glaubens

Eulalia lebte zu spätrömischen Zeiten mit ihrer Familie auf einem Landgut bei Barcelona. Früh führten die Eltern die Tochter an den christlichen Glauben heran. Als sie eines Tages von einer neuen Christenverfolgung hörte, bat sie Dacianus, den Statthalter von Barcelona, unter einem Vorwand um eine Audienz. Dacianus willigte ein und empfing sie in seinem Palais. Eulalia nahm all ihren Mut zusammen und forderte ihn auf, die Christenverfolgungen einzustellen. Zudem bekannte sie sich selbst zum Glauben. Dacianus schäumte vor Wut. Er ließ sie festnehmen und foltern. Standhaft und tapfer nahm Eulalia ihr Schicksal an, als man sie auspeitschte, ihr die Haut aufritzte und brennende Fackeln auf die Arme legte. „Macht weiter und seht, welche Kraft mir Gott schenkt!", rief sie ihren Peinigern zu. Am Ende nagelten sie das Mädchen ans Kreuz. Im Augenblick ihres Todes schauten Dacianus und die Seinen befremdet zum blauen Himmel auf. Es schneite. Der Schnee fiel einzig über Eulalia und hüllte sie in einen weißen Mantel der Reinheit. Als Eulalias Leben endete, war sie erst dreizehn Jahre alt. Die dreizehn Gänse im Garten des Kreuzgangs halten die Erinnerung an sie und ihr Alter aufrecht. Ein Schicksal, das mehr als nur Beklommenheit hervorruft.

**Wo?**

Catedral de Barcelona, Pla de la Seu, 08002 Barcelona

**Wann?**

Die Öffnungszeiten der Kathedrale für touristisch-kulturelle Besuche sind gewöhnlich folgende: Mo–Fr 10–18.30 Uhr und Sa 10–17 Uhr.

**Wichtiges**

http://catedralbcn.org

# Wo Gaudí es richtig bunt trieb. Villen, Gärten, ein unvollendetes Bauprojekt.

Eigentlich hatte Jugendstilarchitekt Antoni Gaudí den nach seinem Gönner Eusebi Güell benannten Park in Barcelona ganz anders geplant – nicht als Besucherziel.

**Hoch gegriffen**

Die Geschichte des Parks Güell ist die Geschichte eines gescheiterten Großprojekts. Beauftragt von seinem Gönner, dem katalanischen Unternehmer Eusebi Güell (1846–1918), plante Antoni Gaudí (1852–1926) vor den damaligen Toren Barcelonas ein in Grün gefasstes Wohngebiet nach dem Vorbild einer englischen Gartenstadt. In der exklusiven Kolonie sollten Natur und Wohnen ineinandergreifen, doch Güell und Gaudí waren ihrer Zeit zu weit voraus. Sie hatten die Rechnung ohne potenzielle Interessenten gemacht, die Gelder zum Weiterbau auf den Tisch blättern sollten. Denn es gab so gut wie keine. So entstanden nur drei der ursprünglich 60 geplanten Villen, wobei Gaudí eine selber bezog und bis zu seinem Tod bewohnte. 1914 wurden die Arbeiten am Park Güell eingestellt, als Gaudís Konzentration schon lange vollends der Sühnekirche Sagrada Família galt.

**Zusammenspiel der Farben**

Bei den Planungen setzte er auf Stützmauern und Terrassen, die sich harmonisch ins Naturgelände fügten. Er konzipierte einen Markt voller Säulen, einen Zentralplatz mit schöner Aussicht – und trieb es richtig bunt in Gelb und Orange, in Blau und Grün. Derart farbenprächtig waren die Bruchkeramikstücke, die sich mosaikartig über die Bänke und über ein Tier am Treppenaufgang zogen: den Salamander oder – nach anderer Interpretation – den Drachen. Der Park Güell war ein ökonomischer Schlag ins Wasser, der zum touristischen Glücksfall geraten und von der UNESCO zum Weltkulturerbe ernannt worden ist. Was wahrscheinlich in einer hermetisch abgeschotteten Anlage für das Großbürgertum geendet hätte, kaufte die Stadt in den 1920er-Jahren und machte es als Park der Öffentlichkeit zugänglich. Seither schätzen Besucher das Areal als eine Art Gaudí'sches Freilichtmuseum.

**Wo?**

Park Güell, Carrer d'Olot 4, 08024 Barcelona

**Wann?**

Über Winter täglich 9.30–17.30/18 Uhr, sonst abends bis 19.30 Uhr

**Wichtiges**

http://parkguell.barcelona

# Monumentales Städtchen. Über den Dächern residieren.

Malerisch und kolossal zugleich ist Sigüenza, das von zwei Vorzeigebauten beherrscht wird: dem Burgpalais und der Kathedrale.

**Romantische Stimmung**

Wenn sich das Frühabendlicht über die Gassen, Häuser und Burgmauern von Sigüenza legt, verschmilzen die Farbtöne in einer Melange aus Gelb, Kastanienbraun, Kupferrot. Das Städtchen in der Provinz Guadalajara liegt abseits der großen Reiserouten durch Spanien, doch die Zugkraft ist trotzdem kein Geheimnis. Sigüenza wird beherrscht und zugleich eingeklammert vom Burgpalast in der Oberstadt und der Kathedrale in der Unterstadt.

**Viel zu sehen**

Beginnen wir unten mit der gotischen Glaubensfestung, vor deren Doppeltürmen der Hauptfassade die schmiedeeisernen Gitter Beachtung verdienen; drinnen entfaltet sich die Pracht in Kapellen wie Arces, San Pedro und San Marcos. Das umliegende Stadtbild wurzelt ebenfalls im Mittelalter und steht unter Denkmalschutz; zu Zeiten von Renaissance und Barock bekam es andersartige Prägungen. Hoch über den Dächern von Sigüenza setzt die Burg ein Glanzlicht spanischer Verteidigungsbaukunst, die auf die Mauren zurückgeht und von den Christen ab dem 12. Jahrhundert buchstäblich ausgebaut wurde. Hier residierten fortan die lokalen Bischöfe. Draußen kann man sich auf die Bank setzen und die Zinnenreihen in Ruhe auf sich wirken lassen. Das Innere ist in ein Spitzenhaus der Paradores-Hotelkette umfunktioniert worden, angelegt um den riesigen Waffenhof *(patio de armas)* mit einem plätschernden Brunnen. Der Salon Doña Blanca kultiviert ein altehrwürdiges Palastflair. Dafür dürfte eben diese Doña Blanca (1339–1361), französischstämmige Gattin von Kastiliens König Peter I. dem Grausamen, keinen Blick gehabt und die Traumburg als Albtraum empfunden haben. Sie wurde hier von ihrem eigenen Gemahl eingekerkert, der zwei Tage nach der Hochzeit von ihr abgelassen hatte – um seiner Geliebten den Vorzug zu geben. Verrückte royale Welten.

**Wo?**

19250 Sigüenza

**Wann?**

Einzig nicht ganz ideal sind Hochsommer und Ostern, weil dann viele Spanier selber unterwegs und auch die Übernachtungspreise im Parador-Hotel auf der Burg (www.parador.es) am höchsten sind.

**Wichtiges**

www.visitasiguenza.es

# Ein Trio und tiefe Gedanken. Zwischen Architektur und Philosophie.

Diese drei Bauten ziehen in Segovia in der Region Kastilien-Léon die Blicke auf sich: die Burg, die Kathedrale, der Aquädukt. Doch die Stadt bietet noch einiges mehr.

**Must-Sees, die den Atem verschlagen**

Die Ansichten Segovias vergleicht man gerne mit einem Schiff: als Bug die Burg, als Mast der Turm der Kathedrale, als Ruder der Aquädukt. Während Bug und Mast der Stadt seit ehedem auf dem Trockenen sitzen, sprich: auf Kalkstein, war das Ruder von Beginn an in seinem Element. Über den Aquädukt leiteten die Römer Wasser aus dem fernen Fluss Ríofrío heran. Auf dem finalen Teilstück ging es hoch hinaus: über pfeilergestützte, zweistöckige Bögen aus mehr als 20.000 mörtellosen Granitblöcken und mit einer Maximalhöhe von 28 Metern. Wer davor steht, verneigt sich innerlich vor diesem Meisterwerk, das zum Weltkulturerbe der UNESCO zählt. Zeichnet sich dahinter das Orangerot des Abendhimmels ab, ist das Panorama perfekt. Zweiter Höhepunkt ist der Alcázar, ein Mix aus Ritterburg und Hexenschloss. Nach einer Brandkatastrophe wurde er restauriert und erstrahlt mit seinem Ensemble aus Türmen, Patios und Sälen in altem Glanz. Das kann man nach dem Aufstieg auf sich wirken lassen. Dritte im Bunde ist die spätgotische Kathedrale, die über den Ziegeldächern der Altstadt aufsteigt.

**Fernab des Sightseeings**

Wer Stimmung sucht, schlendert zu den Plätzen Mayor und San Martín. Ruhigere Wohlfühlorte liegen abseits der Altstadt: das Kloster Santa María del Parral als Mutterhaus der Mönche des Hieronymitenordens in Spanien und das Kloster der Unbeschuhten Karmeliter, das der Mystiker Johannes vom Kreuz (1542–1591) begründete. Die Klosterkirche bewahrt einen Teil der sterblichen Reste des Heiligen, während seine Gedanken unsterblich geblieben sind: „Um zu erlangen, alles zu genießen, suche in nichts Genuss. Um zu erlangen, alles zu besitzen, suche in nichts etwas zu besitzen. Um zu erlangen, alles zu sein, suche in nichts etwas zu sein." Eine Aussage, die zum Nachdenken anregt.

**Wo?**

40001 Segovia, etwa 90 Straßenkilometer nordwestlich von Madrid

**Wann?**

Jederzeit, doch im Kloster Santa María del Parral (http://monjesjeronimos.es) gibt es Führungen nur mittwochs bis sonntags.

**Wichtiges**

www.turismodesegovia.com

# Demonstration der Macht. Beklommenheit und Anziehung.

Einen Platz für die Seele findet man eher draußen, aber drinnen liefert der Escorial im Städtchen San Lorenzo de El Escorial wertvolle Erkenntnisse.

**Prunk und Herrschaftlichkeit**

Philipp II. (1527–1598), Repräsentant des spanischen Königshauses und Auftraggeber des Escorial, gilt wohl als einer der umstrittensten Personen seiner Zeit und im Nachhinein nicht unbedingt als weitsichtiger Herrscher. Durch die Entdeckung der Kolonien und dem damit einhergehenden Reichtum konnte auf seine Anweisung hin unter anderem der Escorial, eine Mischung aus Palast und Kloster, erbaut werden. Die Reichtümer hielten den Niedergang der spanischen Monarchie am Ende seiner Regierungszeit jedoch nicht auf, einschließlich dreimaligem Staatsbankrott. Insofern ist der Escorial ein Schlüssel zum Verständnis der Geschichte Spaniens, wobei man bei diesem Megabau eher an einen Pfau denken muss, der sich aufplustert und größer macht als er ist. Bereits aus der Ferne zeichnen sich die Turm- und Kuppelsilhouetten vor der Bergwelt der Sierra de Guadarrama ab. Das Ensemble entstand in der Strenge der Renaissance und war in die Bereiche von Königsresidenz, Hieronymitenkloster und Basilika unterteilt.

**Die andere Seite der Medaille**

Als der Reisende William Dalrymple 1774 eintraf, schilderte er „dieses bewundernswürdige Gebäude", reflektierte aber kritisch: „Wenn man die Werke der Pracht als milde Gaben eines fleißigen, freien und blühenden Volks entstehen sieht, so wird die edle Brust gerührt. Wenn aber die drückende Macht der Tyrannen eine ganze Nation quält, die Torheit oder Eitelkeit eines einzigen Mannes zu befriedigen, so machen solche glänzenden Gebäude das Herz beklommen und erfüllen es mit Unwillen." Recht hatte Mister Dalrymple, denn wer den Escorial besucht, sollte sich vor Augen halten, dass Größenwahn und weltlich-religiöse Machtdemonstration dahinterstanden. Drinnen führt der Streifzug durch die Säle, ins Pantheon der Könige, in die Gemäldesammlung, die Bibliothek, ins pompöse Gotteshaus. Erst draußen kann man wieder richtig durchschnaufen, am besten im historischen „Garten der Brüder" *(Jardín de los Frailes)*. Ein schönes Plätzchen im Grünen, das gleich vor der Südfassade beginnt.

**Wo?**

Real Sitio de San Lorenzo de El Escorial, Avenida Don Juan de Borbón y Battemberg, 28200 San Lorenzo de El Escorial; etwa 50 Kilometer nordwestlich von Madrid

**Wann?**

April–Sept. Di–So 10–20, Okt.–März Di–So 10–18 Uhr, letzter Zugang eine Stunde vor Kassenschluss; der Zugang in die Gartenanlage (Jardín de los Frailes) ist zu denselben Öffnungszeiten separat und kostenlos möglich.

**Wichtiges**

www.patrimonionacional.es, www.sanlorenzoturismo.es

# Es grünt so grün in der Hauptstadt. Mittendrin sein und trotzdem abschalten können.

Großstadtdschungel. Verkehrslärm. Menschenmassen. Und dann dieses Naherholungsgebiet, etwas abseits: der Flusspark am Manzanares.

**Fortschritt ist nicht immer schlecht**

Lange war die Beachtung an Madrids bescheidenem Strom, dem Río Manzanares, vorbeigeflossen. Der spanische Dichter Francisco de Quevedo (1580–1645) ergoss seinen Spott über den „Fluss-Lehrling“, in dem er selbst Frösche und Mücken der Gefahr des Verdurstens ausgesetzt sah. „Ein kleiner Bach, der jetzt fast trocken fließt“, notierte William Dalrymple auf seiner Spanienreise 1774. Das Panorama änderte sich in diesem Jahrtausend, genauer: 2005–2011, als der Manzanares zum Rückgrat des Megaprojekts Madrid Río avancierte. Am Fluss längs entstanden kilometerlang Promenaden und Grünflächen. Zehntausende Bäume und fast eine halbe Million Sträucher und andere Gewächse wurden gepflanzt, moderne Fußgängerbrücken gebaut, Kinderspielplätze. Teile der Stadtumgehung verschwanden unter der Erde. Oft genug mag man Politikern vorhalten, sie täten nichts für ihre Bürger – hier haben sie visionäre Kraft bewiesen und ein stadtplanerisches Vorzeigeprojekt geschaffen.

**Abwechslungsreich**

Der Flusspark Madrid Río ist eine Alternative oder Ergänzung zum Stadtpark Retiro und kommt bestens an bei Spaziergängern, Joggern, Radlern, Inlineskatern, Ruhesuchenden. Bänke in inflationärer Zahl stehen für die Auszeit bereit. Ein Tipp zur Erkundung: Der schönste Teil des Flussparks erstreckt sich zwischen der historischen Toledo-Brücke *(Puente de Toledo)* und der kleinen, verkehrsfreien Matadero-Brücke *(Puente del Matadero)*. Dazwischen liegen der sogenannte „Strand“-Bereich *(playa)* und mehrere Flussübergänge, darunter in futuristischer Röhrenform die Arganzuela-Brücke *(Puente de Arganzuela)*. Madrid Río, das ist ein komplett anderes Stück Madrid, in dem es grünt, nach Lavendel und Kiefern duftet. Blumenbeete quellen über vor Farben. Hier fühlt man sich den urbanen Strudeln wunderbar entrückt.

**Wo?**

Der Flusspark liegt südwestlich/südlich der Madrider Kernstadt; guter Einstieg für den Spaziergang ist die Toledo-Brücke, die man von den nächstgelegenen Metrostationen Marqués de Vadillo und Pirámides aus erreicht.

**Wann?**

Jederzeit tagsüber

**Wichtiges**

www.esmadrid.com

# Eine versteckte Schatztruhe. Allein inmitten von Schönheit.

Viel übersichtlicher und intimer als der weltberühmte Prado, aber ebenfalls mit Meisterwerken bestückt ist das Kunstmuseum Real Academia de Bellas Artes de San Fernando in Madrid.

**Kunst in Ruhe betrachten**

Untergebracht in einem Barockpalais im Herzen der Stadt, nennt die Mitte des 18. Jahrhunderts ins Leben gerufene Akademie San Fernando eine der wertvollsten und größten Kunstsammlungen Spaniens ihr Eigen – doch die breite Öffentlichkeit weiß kaum etwas davon. Der Fundus umfasst über 35.000 Drucke, 15.300 Zeichnungen und jeweils 1500 Skulpturen und Gemälde von der Renaissance bis in die Gegenwart; der Schwerpunkt liegt auf Kunst aus Spanien. Das dem Akademiesitz angegliederte Museum der Schönen Künste, das einen Teil der Bestände zeigt, ist Madrids versteckte Schatztruhe, eine echte Entdeckung. Übersichtlich aufgezogen, geht es in den Räumlichkeiten meist beschaulich zu. Kein Vergleich mit dem Andrang im Prado. Die Treppenaufgänge stimmen – für das Museum atypisch überladen – auf die Ständige Sammlung ein, in der alte Meister von Weltrang vertreten sind: ob El Greco (1541–1614) oder Peter Paul Rubens (1577–1640). Francisco de Zurbarán (1598–1664) schuf mit Hilfe seiner Schüler für ein Kloster in Sevilla eine Serie von Mönchsporträts von Mercedariern. Fantastisch ist eine Werkschau von Francisco de Goya (1746–1828), der persönlich an der Akademie tätig war. Ein Selbstporträt zeigt den knapp Vierzigjährigen an der Staffelei, ein anderes den etwa Siebzigjährigen mit melancholischem, entleertem Blick.

**Verweilen**

Wollte man als Bild einen Geheimtipp herausstellen, dann dieses: „Der Frühling“, ein allegorisches Porträt des Italieners Giuseppe Arcimboldo (um 1526–1593). Dargestellt ist ein lächelnder Mann im Profil, dessen Haar und Wangen aus Blumen bestehen. Er trägt ein Blätterhemd, darüber einen Kragen aus Margeriten. Da wird man bereits bei der bloßen Betrachtung fröhlich. Der Museumsbesuch hinterlässt einen tiefen Eindruck. Nirgendwo sonst ballen sich solche Meisterwerke in familiärer Salonatmosphäre.

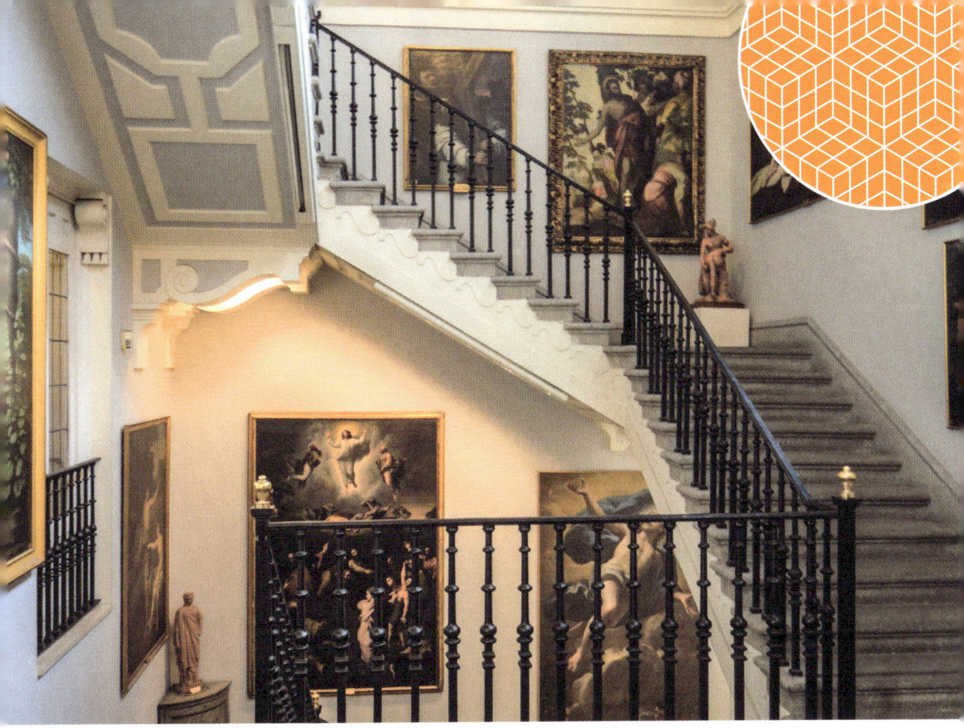

**Wo?**

Real Academia de Bellas Artes de San Fernando, Calle de Alcalá 13, 28014 Madrid

**Wann?**

Di–So 10–15 Uhr, aber im Monat August komplett geschlossen.

**Wichtiges**

http://realacademiabellasartessanfernando.com

# Wühltische, Boxershorts und alte Kupferkessel – hier ist für jeden etwas dabei.

Halb Madrid ist auf den Beinen, wenn es sonntags bis zur späten Mittagszeit heißt: Auf zum Rastro! Dabei handelt es sich um einen riesigen Floh- und Allerleimarkt. Ein *Soul Place* mit Wimmelfaktor.

**Krimskrams und Treffpunkt**

Für viele Madrider ist der Sonntagsbummel über den Rastro ein Muss, ein Fixpunkt der Woche, angetrieben durch einen Mix aus Neugier, Kauflust, den Hang zur Geselligkeit. Bei einem Kneipenstopp zwischendurch trifft man Freunde, dann stürzt man sich wieder ins Getümmel des gigantischen Freiluftbasars. Die Tradition des Rastro reicht bis 1740 zurück. Damals wurde hier getragene Kleidung verkauft und getauscht. Später hing dem Rastro der Ruf nach, dass auch heiße Ware verschachert wurde. Der französische Literat und Kunstsammler Jean-Charles Davillier sah in ihm in den 1860er-Jahren eine Gegend „des Lasters und der Armut, der Schrott- und Lumpenhändler." Noch in den 1980er-Jahren notierte der deutsche Schriftsteller Hans Magnus Enzensberger: „Hier ist Europa zu Ende." Innerhalb von fünf Minuten, so Enzensberger herrlich übertrieben, ließ sich „eine Heavy-Metal-Ausrüstung und eine Krokodilhaut aus dem Besitz der Herzogin von Marlborough" erwerben.

**Kunterbuntes Allerlei**

Heute sind über tausend Händler registriert und die Auslagen an den Ständen bunt wie Wimmelbilder. Da entdeckt man ausrangierte Wecker, Waagen, Kameras, Kupferkessel, Bügeleisen, Registrierkassen. Da warten Heiligenfigürchen, Gasmasken, Kampfstiefel, Modeschmuck, Handtaschen und neue Klamotten auf ihre Abnehmer. Da wühlt man auf Tischen in Bergen aus Boxershorts und Büstenhaltern. Da stehen Parfümimitate zur Wahl, deren Duft bereits nach Ende des Bummels verflogen sein dürfte. Manche Händler nehmen nur Bargeld. Die Rückschlüsse dazu sind frei interpretierbar. Die Menschenströme mögen nichts für jedermann sein, doch der Rastro besitzt seine Magnetkraft. Madrids gigantischer Freiluftbasar zählt zum lokalen Kulturgut.

**Wo?**

Hauptachse für den Rastro ist die lange, abschüssige Calle de la Ribera de Curtidores, von der diverse Gassen abzweigen; 28005 Madrid.

**Wann?**

Sonn-, aber auch feiertags von etwa 9 bis 15 Uhr; zu früher Stunde ist das Gedränge erfahrungsgemäß noch nicht so groß.

**Wichtiges**

www.esmadrid.com

# Studenten und Störche. Bauwerke, Dichter und eine tierische Geräuschkulisse.

In der Hochschulstadt Alcalá de Henares in der Region Madrid verzahnen sich das historische Erbe, das Gedenken an Cervantes und das Storchengeklapper.

**Lebendige Geschichte**

„Das spanische Oxford" nennt man die Universitätsstadt, die von der UNESCO zum Weltkulturerbe aufgewertet wurde. Seit über einem halben Jahrtausend erhalten Studenten hier ihre akademischen Weihen. Gründervater war 1499 Kardinal Francisco Jiménez de Cisneros und die Keimzelle das Colegio Mayor de San Ildefonso. Der Ruf der Hochschule, die bereits im 16. und 17. Jahrhundert höchstes Ansehen genoss, ist ungebrochen. Heutzutage liegen die Fakultäten im Stadtbild weit verstreut. Das Colegio Mayor de San Ildefonso besticht mit einer plateresken Fassade und den Innenhöfen. Bei Führungen geht es in die Aula Magna, die als *Paraninfo* bekannt ist und von einer Kassettendecke in maurisch inspiriertem Stil überspannt wird. Alljährlich am 23. April, dem Todestag des aus Alcalá de Henares stammenden Nationaldichters Miguel de Cervantes (1547–1616), wird hier der bedeutende Literaturpreis Cervantes verliehen.

**Auf Cervantes Spuren**

Zur Rast in der Altstadt animiert die Plaza de Cervantes mit ihren Ruhebänkchen, den Blumenbeeten, dem Musikpavillon, dem Cervantes-Denkmal. Ein Stück weiter in der Fußgängerzone, genauer: in der Calle Mayor 48, liegt das museal aufgezogene Geburtshaus des Cervantes *(Museo Casa Natal de Cervantes)*. Wobei gesagt werden muss, dass der Bau lediglich ans ursprüngliche (verschwundene) Original angelehnt und so ähnlich nachgebaut wurde. Es braucht viel Fantasie, um dem Geiste des Meisters nachzuspüren. Anschaulich eingerichtet ist er trotzdem und legt sich um einen pittoresken Innenhof. Draußen sitzen Cervantes bekannteste Figuren Don Quijote und Sancho Panza in Bronze. Monumental ist die spätgotische Kathedrale, auf der sich die lebenden Wahrzeichen der Stadt niederlassen: Weißstörche. Einzig über den Winter fliegen sie aus. Ansonsten ist ihr Schnäbelgeklapper oft das Hintergrundgeräusch, das den Besucher durch Alcalá de Henares begleitet.

**Wo?**

28801 Alcalá de Henares; etwa 30 Kilometer nordöstlich von Madrid

**Wann?**

Jederzeit, aber das Cervantes-Haus schließt montags; Führungen durch das Colegio Mayor de San Ildefonso starten zu saisonal wechselnden Zeiten.

**Wichtiges**

http://turismoalcala.es
www.museocasanataldecervantes.org

# Kunstvolle Gärten in Hülle und Fülle. Zur Ruhe kommen.

Der Königspalast von Aranjuez steht auf einem Blatt, die Ballung dazugehöriger Gärten auf einem andern.

**Grün und blau, soweit das Auge reicht**

Großzügig angelegt ist alles in Aranjuez, was natürlich den Geldern aus der Staatskasse zu verdanken war: der Königspalast, dazu die Freiflächen und Plätze rundherum – sowie die dazugehörigen Gartenanlagen, die Kunstinjektionen und Inhalationen des Grüns verheißen. Dort auf den Wegen kann man sich wunderbar verlieren. Oder einfach auf einer Bank neben Hecken oder mit Blick auf den Flusslauf des Río Tajo rasten. Die erste Lektion in den Gärten lautet: Kunstvolle Brunnen, gefüllt mit mythologischen Figuren, haben auch ohne Wasserspiele ihren Reiz; die Betriebszeiten ausgewählter Monumentalbrunnen wechseln in Aranjuez, da sollte man sich nicht ins persönliche Zeitkorsett zwängen. Herkules, Venus, Apollon, Bacchus und viele andere kommen bestens ohne Zusatzplätschern aus. Da reicht es, sich einfach an den Spiegelbildern in den Bassins zu erfreuen. Das Grünparadies von Aranjuez wird am Königspalast bestimmt vom Gartentrio Rey, Parterre und Isla *(Jardines del Rey y del Parterre; Jardín de la Isla)*, wobei auf Isla der ausgedehnteste Teil entfällt. Er bekam seine Struktur zu Zeiten der Renaissance im 16. Jahrhundert; dahinter standen Spaniens König Philipp II. und Architekt Juan Bautista de Toledo.

**Verschnaufpause**

Im Jardín de la Isla gerät man wunderbar zwischen Baumriesen und fein beschnittene Hecken, entdeckt abgeschiedene Ruheplätze für sich. Auf Steinbänken bei einer kleinen, der Antike nachempfundenen Säulenanlage spürt man die Kühle in sich hineinkriechen, saugt die Frische der Botanik in sich ein, blickt in der Stille durch die Zweige ins Blau des Himmels. Die Wege sind breit und einfach begehbar. Plötzlich stolzieren Pfaue umher, dringt Gekreisch aus einem Vogelpavillon. Der Verkehr ist weit weg, der Einklang mit der Natur eine Wohltat.

**Wo?**

28300 Aranjuez

**Wann?**

Die Öffnungszeiten der Gärten hängen von der Jahreszeit ab und variieren: täglich 8–18.30 Uhr im Winter, im Hochsommer 8–21.30 Uhr, dazwischen verschiedene Schließzeiten ca. 19–20.30 Uhr; Zugang kostenlos.

**Wichtiges**

www.aranjuez.com

# Brückenschlag in die Altstadt. Tief durchatmen und freie Blicke genießen.

Der schönste Einstieg in die Altstadt von Toledo ist der über die Sankt-Martins-Brücke *(Puente de San Martín)*.

**Langlebig**

Es ist ein steinerner Traumbau, der seit dem Spätmittelalter hoch über dem Bett des Río Tajo verläuft und den Weg in Toledos Altstadt ebnet: die Brücke San Miguel. In fünf Bögen wirft sie sich trutzig und elegant über dem Fluss auf, der unterhalb eines Wehrs schäumt wie das Maul eines Pferds. Dem Toledo der labyrinthischen Gassen, der Megakathedrale, der Festung Alcázar ist man hier ganz nah – aber man kann noch einmal tief durchatmen und die freien Blicke genießen, die man über die Stadtmauerreste und die Felsmassen im Flusstal hat. Oben drängen die letzten Altstadthäuser bis an den Abgrund heran, darunter breiten sich Agaventeppiche aus.

**Keine Autos**

Die Brücke ist vom Verkehr befreit und auf jeder Seite des Übergangs von einem zinnenbesetzten Wehrturm flankiert. Fußgänger strömen hinüber, begleitet vom Rauschen des Flusses, Walker mit klackenden Stöcken, Kinderwagenschiebende, Hundeausführer. Grazil sind die Brückenlaternen. Der Turm zur Altstadtseite hin trägt vorne ein Wappen mit dem Doppelkopfadler der Habsburger und hinten – umrahmt von Malereien – ein Marienbildnis hinter Glas. In Sicht liegt eine moderne Fahrzeugbrücke, über die sich der Verkehr wälzt. Umso mehr fühlt man sich hier entrückt.

Die Brücke San Martín ist das schönste Vorspiel für eine der größten und beeindruckendsten Altstädte Spaniens, die zunächst mit dem Aufstieg zum Franziskanerkloster San Juan de los Reyes beginnt. Dann warten anderweitige Perlen auf ihre Entdeckung: die in ein Christusheiligtum verwandelte Moschee (Mezquita del Cristo de la Luz), das Museum für den Maler El Greco, zwei historische Synagogen. Ein Tipp zum Abschluss: Unbedingt versuchen, noch einmal am Abend zurückzukommen. Dann ist die Sankt-Martins-Brücke gewöhnlich wunderbar angestrahlt.

**Wo?**

Puente de San Martín,
45002 Toledo

**Wann?**

Jederzeit, aber für fotografisch Begeisterte besser bei Vormittagslicht und allgemein schön bei abendlicher Beleuchtung.

**Wichtiges**

http://turismo.toledo.es

# Der Windmühlen-hügel. Abgelegen und idyllisch. Der Fantasie freien Lauf lassen.

Dieser Vorzugsplatz in den Weiten von La Mancha ruft den Kampf des Don Quijote gegen Windmühlenflügel ins Gedächtnis.

**Für Jung und Alt**

Wie eine Erscheinung taucht er in den Weiten der Landschaft La Mancha über dem Ort Consuegra auf: der Hügel Calderico, der mit einer Burg und einem Dutzend Windmühlen besetzt ist. Da kommt der „Ritter von der traurigen Gestalt" in den Sinn, nämlich Don Quijote, den der Literat Miguel de Cervantes (1547–1616) ersann. Sein Lebenswerk „Don Quijote. Der sinnreiche Junker von der Mancha" publizierte Cervantes als Satire auf die Ritterromane jener Zeit. In einer kurzen, aber bekannten Episode rüstet sich der von seinem Knappen Sancho Panza begleitete Don Quijote zum Kampf gegen gigantische Gegner. „Sie entdeckten 30 oder 40 Windmühlen, die in diesem Land waren, und als Don Quijote sie sah, sagte er zu seinem Knappen: ‚Das Abenteuer lenkt unsere Dinge besser, als wir es uns hätten wünschen könnten, denn sieh' nur da, Freund Sancho Panza, dort warten 30 oder etwas mehr ungeheure Riesen, die ich zur Schlacht herauszufordern gedenke, bis sie alle ihr Leben ausgehaucht haben werden, mit deren Beute wir reich zu werden beginnen. (…)' ‚Schaut, euer Gnaden', antwortete Sancho Panza, ‚die, die dort erscheinen, sind keine Riesen, sondern Windmühlen.'" Trotzdem nimmt Quijote den Kampf auf. Hoch zu Pferd stürmt er mit erhobener Lanze los, die sich in einem Windmühlenflügel verhakt und zerbricht und den Ritter durch die Luft schleudert.

**Nicht kämpfen, sondern genießen**

Längst stehen die Windmühlenflügel über Consuegra still. Die Bauwerke sind sorgsam restauriert worden und heben sich leuchtweiß aus den Erdtönen ab. Kurios: Jede Mühle hat einen Namen. Oberhalb des Zufahrtsträßchens führt ein Fußweg zu den drei idyllischsten, abgelegensten hinauf, neben denen man sich auf Felsen in Ruhe niederlassen kann. Sie heißen Sancho, Mochilas und Vista Alegre.

**Wo?**

Cerro Calderico,
45700 Consuegra

**Wann?**

Außenbesichtigungen der Windmühlen sind jederzeit möglich.

**Wichtiges**

www.consuegra.es

# Altstadtflair am Mittelmeer. Hoch erhoben und von der See umgeben.

Das Mittelmeerstädtchen Peñíscola fährt allerbeste Zutaten auf: Strände und Promenaden, den Hafen und vor allem die Altstadthalbinsel.

**Ein Küstenabschnitt für die Sinne**

Peñíscola setzt einen Glanzpunkt an der „Orangenblütenküste", der Costa del Azahar, die ihrem Namen alle Ehre macht und zur valencianischen Provinz Castellón de la Plana gehört. Kilometerweit bestimmen Orangenplantagen das Bild, die mit ihren Düften betören. Auch Oliven, Mandeln, Artischocken gedeihen an der sonnendurchfluteten Küste, wo sich der Altstadtfels von Peñíscola weit in die See hinausschiebt. Die Altstadthalbinsel steckt in ihrem historischen Mauermantel. Kalkweiße Häuser staffeln sich bis zum obersten Plateau des Felsbuckels auf. Der Weg hinauf kostet Schweißtropfen. Die Atmosphäre ist dörflich. Schmale Gässchen, die Pflanzenpracht vor manchen Häusern und die Freiblicke aufs Meer sind die Anstrengungen des Aufstiegs wert. In Kneipen und Restaurants kommen Meeresfrüchte satt auf den Tisch.

**Berühmte Geschichte**

64 Meter beträgt die Maximalhöhe der Altstadt. Dort thronen der Leuchtturm und die von den Tempelrittern erbaute Burg. Während des Abendländischen Schismas 1378–1417, einer Kirchenspaltung mit konkurrierenden Papstansprüchen, suchte Gegenpapst Benedikt XIII. Zuflucht auf der Festung. Im wahren Leben hieß er Pedro de Luna, stammte aus Aragonien und erhob letztlich erfolglos Anspruch auf die Leitungsgewalt der Katholischen Kirche. Nachdem er mehrere Giftanschläge überlebt hatte, starb er 1423. Seinen Spuren folgt man auf der Burg, sieht auch sein Wappen mit einem Halbmond, zwei Himmelsschlüsseln und der Papstkrone. Peñíscolas Niederungen mit ihren palmenflankierten Promenaden, den Stränden und dem Hafenbecken sind nicht minder sehenswert. Und immer wieder: der Blick auf den Altstadtfels, markant und unverwechselbar. Eine Ansicht wie keine zweite an Spaniens Mittelmeerküste. Da verzeiht man dem Städtchen die zubetonierten Abschnitte etwas außerhalb.

**Wo?**

12598 Peñíscola

**Wann?**

Prinzipiell jederzeit, aber im Sommer ist Peñíscola in der Hand spanischer Urlauber, im Winter haben viele Unterkünfte geschlossen; die Burg ist täglich geöffnet, April–Mitte Okt. 9.30–21.30, sonst 10.30–17.30 Uhr.

**Wichtiges**

www.peniscola.es

# Architektonische Würfe. Das Zusammenspiel verschiedener Bauten auf engstem Raum.

Die architektonischen Höhenflüge dieser „Stadt der Künste und Wissenschaften" haben der Mittelmeermetropole zusätzlich Zugkraft verliehen.

**Nicht nötig, aber bewundernswert**

Der „Bilbao-Effekt" ist mittlerweile international ein geflügelter Ausdruck für die gezielte Aufwertung von Städten durch Architektur, aufgezogen am Beispiel von Bilbao und dem Bau des Guggenheim-Museums durch Architekt Frank O. Gehry. Eigentlich hatte Valencia eine Aufwertung gar nicht nötig, denn alleine der Kern mit der Kathedrale, der Seidenbörse, dem Markt und den Gärten im alten Flussbett des Turia ist – im Gegensatz zu Bilbao in Nordspanien – sehenswert genug. Doch ab Ende der 1990er-Jahre entstand etwas außerhalb ein Konglomerat aus Großbauten, das der alten Mittelmeermetropole zu einer Verjüngungskur verholfen und in ein Plus unter den gefragtesten Cityzielen Spaniens verwandelt hat: die *Ciutat de les Arts i les Ciències,* die „Stadt der Künste und Wissenschaften". Seitens der Stadt ist das Ganze als „naturwissenschaftlicher und kultureller Freizeitkomplex" etikettiert. Um eine „Stadt" handelt es sich nicht, sondern um ein Ensemble aus architektonischen Höhenflügen.

**Der Mann hinter dem Werk**

Dahinter stand zuvorderst der gebürtige Valencianer Santiago Calatrava (geboren 1951), der sich darauf verstand, Gebäude wie Megaskulpturen zu gestalten: mit gleißendem Weiß und geschwungenen Formen. So hat er sich einen weltweiten Bekanntheitsgrad erbaut, der vom „Turning Torso" im schwedischen Malmö über den Ostbahnhof in Portugals Hauptstadt Lissabon bis zur Sundial-Brücke in Kalifornien reicht. Hingucker in Valencia sind das Konzerthaus Palau de les Arts, das Wissenschaftsmuseum, das 3-D-Kino Hemisfèric und die von Grün durchsetzte Vorhalle Umbracle. Da reicht es schon, die Gebäude von außen auf sich wirken zu lassen.

**Wo?**

Ciutat de les Arts i les Ciències, Avenida del Professor López Piñero/Calle Eduardo Primo Yúfera, 46013 Valencia

**Wann?**

Der Jahreskalender zur Ciutat de les Arts i les Ciències, zu der das Aquarium (Oceanogràfic) des Architekten Félix Candela gehört, steht auf www.cac.es; das Umbracle ist frei zugänglich, beim Konzerthaus kommt es auf die Veranstaltungen an (es gibt aber auch Führungen).

 VALENCIA, CIUTAT DE LES ARTS I LES CIÈNCIES

# Nah an der Großstadt und doch inmitten von Natur. Lebensraum für viele Tiere.

Südlich der Mittelmeermetropole Valencia liegt der Parc Natural de l'Albufera mit einem weit ausgreifenden Inlandssee und einer reichen Vogelwelt.

**Auszeit von der Großstadt**
Die sympathische Stadt Valencia erdrückt eigentlich nicht. Doch sollte sich das Gefühl einstellen, den Schalter komplett auf die Natur umlegen zu wollen, geht alles ganz schnell. Südlich der Stadtgrenze liegt der Parc Natural de l'Albufera, ein Naturpark, geprägt von Feuchtgebieten. Ebenso charakteristisch wie Sümpfe sind die Reisfelder, die den Grundstock für die Paella liefern.

Hauptattraktion ist der Süßwassersee Albufera, der dem Park seinen Namen gegeben hat und über 2800 Hektar bedeckt. Das klingt imposant, aber vor zwei Jahrtausenden war die Fläche noch zehnmal so groß. Vielerorts raschelt eine Brise durch die Schilfbestände an den Ufern. Ein schmaler Landgürtel, der mit Kiefern und Binnendünen besetzt ist, trennt das Inlandsgewässer von den Mittelmeerstränden.

**Bootstour durch die Wasserstraßen**
Die beste Möglichkeit, das Naturschutzareal und seine Wasserstraßen kennenzulernen, ist ein motorisierter Bootsausflug (valencianisch: *Passeig en barca*); einer der Startpunkte liegt in El Palmar. Die Fahrtzeit ist nicht allzu lang, gewöhnlich nur eine Dreiviertelstunde. An Bord begeistert das Birdwatching nicht nur Familien mit Kindern. Die vielgesichtige Vogelwelt umfasst etwa 300 Arten, darunter Enten, Grau- und Purpurreiher, Große Brachvögel, Säbelschnäbler, Stelzenläufer und Eisvögel. Bei den Reptilien kommen die Eidechsen-, Hufeisen- und Vipernnatter vor. Im Wasser leben Aale, Schleien, Karpfen. Für Landwirte, Fischer und Einheimische aus Valencia mögen die Bilder der Natur von Albufera Alltag sein, aber für Auswärtige sind sie etwas Besonderes. Umso stimmungsvoller zur Zeit des Sonnenuntergangs. Dann gerät man so richtig ins Träumen.

**Wo?**

Parc Natural de l'Albufera, etwa zehn Kilometer südlich von Valencia

**Wann?**

Jederzeit

**Wichtiges**

www.visitvalencia.com
www.paseosenbarcaalbufera.
com; http://paseosenbarcaalbu
fera.net (Bootsausflüge)

# Kulturerbe Friedhof. Pompöse Gräber gut in Szene gesetzt. Bummel durch Kultur und Geschichte.

Der Friedhof in Alcoi (Schreibweise auch: Alcoy) in der Provinz Alicante. Grabpaläste und Sargeinschubfächer verdeutlichen zweierlei: das soziale Gefälle über den Tod hinaus und ein Friedhof als Spiegel von Geschichte und Kultur.

**Beklemmende Faszination**

Friedhöfe fungieren nicht nur als Orte von Trauer und Abschied, als abgeschottete Plätze der Andacht und einer stillen Beziehung zwischen Dies- und Jenseits. Friedhöfe sind Spiegelbilder der Gesellschaft. Sie reflektieren Geschichte, Bildhauerei, Architektur. In Alcoi wird der Friedhof Sant Antoni Abad sogar als Besuchsziel propagiert – unter der Voraussetzung eines pietätvollen Verhaltens, versteht sich. Im Tod sind alle gleich, so heißt es. Doch manche sind „gleicher", wie bereits vor ihrem Ableben.

**Es gibt doch Unterschiede nach dem Tod**

Das soziale Gefälle reicht über das Sterben hinaus, wie der Ende des 19. Jahrhunderts begründete Friedhof veranschaulicht. Pompöse Grabpaläste stehen im Kontrast zu Sargeinschubfächern, die über und unter der Erde mehrstufig angelegt sind. Treppen führen abwärts in Galerien, schier endlos lang, überspannt von Bögen und Hängelaternen, flankiert von einfachen Gräbern. In symmetrischem Schema ziehen sich die Ruhestätten an den Seiten über vier Ebenen. Darüber, zwischen den oberen Bogenteilen, befreien Naturlichteinlässe die Szenerie von ihrer gespenstischen Aura. Vereinzelt sind kleine Leitern angestellt, um die höhergelegenen Gräber zu erreichen. Modrig riecht es im Untergrund nicht. Die Galerien basieren auf einem durchdachten Belüftungssystem.

Edel hingegen sind die letzten Ruhestätten für die lokale Oberschicht der Industriehochburg Alcoi, die einst durch die Textil- und Papierproduktion zu Wohlstand gelangte: Mausoleen an exponierten Open-Air-Plätzen neben Zypressen, aufwändig verziert mit Skulpturen, Ketten, Kreuzen, schmiedeeisernen Gittern. Das Beispiel Alcoi belegt: Ein Friedhof ist nichts weiter als die Fortsetzung des Lebens.

**Wo?**

Cementeri Municipal de Sant Antoni Abad, Carretera Font Roja, 03801 Alcoi

**Wann?**

Mai bis Anfang November täglich 7.30–20 Uhr, während des übrigen Jahres täglich 7.30–18 Uhr

**Wichtiges**

www.alcoi.org
www.alcoyturismo.com

# Im Hinterland stolze Burgen und idyllische Orte in Ruhe besuchen.

Abwechslung vom Strandurlaub: Fern der Küste lassen sich die Festungen von Villena, Biar und Castalla bei einem Ausflug gut kombinieren.

### Wie in den Fels gemeißelt

Die Costa Blanca, die „Weiße Küste", trumpft mit dem ABC international bekannter Feriengebiete auf: A wie Alicante, B wie Benidorm, C wie Calpe. Weniger frequentiert ist das Hinterland, über das sich Burgen verteilen, die aus den Konfliktzeiten zwischen Christen und Mauren im Mittelalter stammen. Drei Rosinen sollte man sich herauspicken, samt der dazugehörigen Orte: Villena, Biar und Castalla. Das Kastell von Villena ist, ebenso wie das im nahen Biar, mit den Felsplatten verschmolzen. Verbindendes Element ist auch, dass restauratorische Hand eingegriffen hat. Heute helfen Holzrampen bei der Burgentdeckung, ohne dass sie wie deplatzierte Fremdkörper wirken. Majestätisch beherrscht die Festung von Biar das Umland und hebt sich vor den Gebirgsausläufern der Sierra de Mariola ab.

### Es lohnt sich

Atemschwer steigt man aus dem Ort auf, das letzte Stück über Rampen im Zickzack – so erschwerte man Feinden früher den Angriff. Dann wird man vom Mauer- und Zinnenwerk des zum Nationalmonument deklarierten Bauwerks geschluckt. Der Hof dehnt sich über unförmige Steine zum Huldigungsturm hin. Im Innern führen hohe, unförmige Stufen hinauf. Hinter einer Art Glasbox tritt man hinaus, an die im Wind flatternden Flaggen Spaniens und der hiesigen Region Valencia heran. Ein Aussichtsthron über bewaldete Bergflanken, das Mosaik der Ziegeldächer, die Renaissancekirche im Ortskern. Das nächste Glanzlicht weiter südostwärts setzt das Kastell von Castalla, bei dem sich die Restaurierungsarbeiten elf Jahre dahinzogen, erzählt Führerin Inma. Bereits im 18. Jahrhundert lag die Burg in Ruinen, viele Steine fanden als Baumaterial anderweitig Verwendung. Wiederhergestellt sind der Palastbereich, das Quartier der Wachen, das Vorratslager, die Küche. Unverändert sind die traumhaften Ausblicke.

**Wo?**

Im Hinterland der Costa Blanca nordwestlich von Alicante

**Wann?**

Burg in 03400 Villena: Di–Sa 10–14 und 16–18 Uhr, So 10–14 Uhr; Burg in 03410 Biar: täglich 10.15–13.45 Uhr sowie Mi–Fr 16.15–18.15 Uhr; Burg in 03420 Castalla: Mi–So 10–14 Uhr

**Wichtiges**

http://turismovillena.com
http://turismobiar.com
http://turismocastalla.com

# Festrausch der Kostüme und Farben. Beobachten, feiern, genießen.

Ein farbsattes Spektakel mit Dröhnungseffekt: Wenn der Ort Villena Anfang September über mehrere Tage hinweg das Volksfest der „Mauren und Christen" feiert, bebt die Erde, setzen sich stundenlange Umzüge in Bewegung. Achtung, Ausnahmezustand! Knapp 360 Tage im Jahr plätschert das Leben in Villena gemächlich dahin. Doch Anfang September explodieren Emotionen und Dezibel und locken Scharen an Zuschauern an: beim sechstägigen Volksfest *Moros y Cristianos,* was übersetzt „Mauren und Christen" bedeutet. Eigentlich erinnern Feste wie diese an Triumphe aus dem Mittelalter: als die christlichen Spanier, die oft alles andere als christlich agierten, die muslimischen Glaubensfeinde besiegten. Die Fremden hatten sich ab 711, aus Nordafrika kommend, auf der Iberischen Halbinsel festgesetzt und hielten das Heft über Jahrhunderte in der Hand – bis zu den Vertreibungen, die bis 1492 schubweise erfolgten.

### Eine ganze Stadt ist auf den Beinen

In Villena geht es jedoch nicht um Gewinner und Verlierer. Sieger ist das Publikum. Vorausgesetzt, man lässt sich auf ein rauschendes Spektakel ein, das seine Höhepunkte in den Umzügen findet, die mehrere Stunden lang dauern: die *Gran Entrada,* der „Große Einzug", und anderntags die *Gran Cabalgata,* der „Große Umzug". Dann sind bis zu 15.000 Mitwirkende auf den Beinen, was in etwa der Hälfte der Einwohnerzahl Villenas entspricht. Das bedeutet gleichzeitig Teilnehmerrekord bei allen „Mauren und Christen"-Festen in Spanien.

### Mitreißen lassen

Der Festrausch der Kostüme und Farben ist eine einzige Straßenshow, ein potenzierter Karneval. Dutzende Kapellen ziehen voran, kostümierte (keine echten) „Mauren" in Pluderhosen und Schnabelschuhen, Reiter, Tänzertrupps, Standarten- und Flaggenträger. Die Messlatte von dem anzulegen, was man landläufig Normalität nennt, ist unangebracht. Historische Glaubwürdigkeit spielt ohnehin keine Rolle. *Moros y Cristianos* liefert den besten Vorwand, um einmal im Jahr richtig zu feiern. Wer mag, stürzt sich mit Leib und Seele ins Getümmel.

**Wo?**

In der ganzen Innenstadt, 03400 Villena

**Wann?**

Anfang September zu leicht variierenden Daten

**Wichtiges**

http://turismovillena.com

# Im Bann der Palmen. Umgeben von schattenspendenden Schönheiten.

Krönung der Streifzüge durch die sagenhaften Palmenwälder ist die Gartenanlage Huerto del Cura.

**Eine Oase voller Pflanzen**

Palmen, nichts als Palmen. Sie beherrschen Parks und Plätze. Sie formen Alleen und spenden Schatten. Sie sind stolze Symbole der Stadt Elche und ihrer Geschichte. Eine offizielle Palmenzählung liegt zwar nicht vor, doch auf jeden Einwohner von Elche entfällt im Schnitt eine Palme: um die 200.000 Stück. Die Gesamtheit der Palmenhaine heißt auf Spanisch *El Palmeral,* steht unter Schutz, ist europaweit einzigartig und Weltkulturerbe der UNESCO. Urheber der Pflanzungen könnten die Phönizier gewesen sein. Das Verdienst strukturierter Anlagen gebührte im Mittelalter jedoch den Mauren. Erst sie verwandelten Elche in eine Oase, setzten auf ausgeklügelte Bewässerungstechniken und nutzten die schmackhaften Datteln. Allerdings, so räumt Miguel Ángel Sánchez Martínez vom Fremdenverkehrsbüro ein, stamme heute kein einziges Original aus der Maurenzeit. „Palmen werden höchstens 300 Jahre alt", klärt er auf, „aber wir hier in Elche haben das Vermächtnis gepflegt." Dem „Eifer des Volkes" sei der Erhalt zu verdanken.

**Was gut genug für eine Kaiserin ist**

Ein kostenloses Erlebnis ist der Streifzug durch die Palmenpracht im Stadtpark und den Eintrittspreis wert die Bilderbuchanlage Huerto del Cura, die das Prädikat eines Nationalen Kunstgartens trägt. Das Konzentrat der Palmenkultur findet sich dort ergänzt durch Teiche, Wasserspiele, Kakteen, Hibiskus, Bananenblätter. Der Kies knirscht beim Spaziergang durch das Wegenetz unter den Schuhen. Eine Büste erinnert an Österreichs Kaiserin Sissi, die 1894 hier umherstreifte und der die hiesige Kaiserpalme ihren Namen verdanken soll. Die Gebrauchsanweisung für den Bummel ist denkbar einfach: irgendwo rasten, in die aufgefächerten Kronen schauen, dem Rascheln des Windes in den Blättern lauschen. Gibt es Gewächse, die eleganter, erhabener, graziler sind als Palmen?

**Wo?**

Im Stadtpark (valencianisch: *Parc Municipal; Paseo de l'Estación*) und im Huerto del Cura (Carrer Porta de la Morera 49), beide 03202 Elche

**Wann?**

Stadtpark Apr.–Okt. tägl. 7–23 Uhr, Nov.–März 7–21 Uhr; Huerto del Cura mit jahreszeitlich wechselnden Zeiten, siehe www.huertodelcura.com.

**Wichtiges**

www.visitelche.com

»Die Gebrauchsanweisung für den Bummel ist denkbar einfach: irgendwo rasten, in die aufgefächerten Kronen schauen, dem Rascheln des Windes in den Blättern lauschen.«

ELCHE, EL PALMERAL

# Kleine Traumbuchten in Andalusiens Osten. Durch rauen Fels zu klarem Wasser.

Wild und vulkanisch ist der Osten der Provinz Almería, genauer: der Naturpark Cabo de Gata-Níjar. Dort liegen zwei Traumbuchten.

**Agaven und Eidechsen**

Eine Viertelstunde Regen am Tag hat Seltenheitswert und gilt bereits als Ereignis. Knochentrocken und rau liegt der Naturpark Cabo de Gata-Níjar da. Die kargen Berge und Hügel, die vulkanischen Ursprungs sind und sich bis ans Mittelmeer ausdehnen, tragen Steppen- und Halbwüstencharakter. Einzig der Dunst über Nacht bringt Feuchtigkeit, um Zwergpalmen, Espartogras, Disteln und Kräuter überleben zu lassen. Agaven und Opuntien stechen hervor. Eidechsen huschen davon.

**Schätze zwischen Felsen**

Südwestlich vom Hafenort San José führt ein kilometerlanges Zubringersträßchen zu den schönsten Stränden. Was mit der langen, sichelförmigen Playa de los Genoveses beginnt, gipfelt am Ende in zwei Höhepunkten: den kleinen Buchten Mónsul und Media Luna. An beiden Stränden kann man den inneren Knopf auf „Off" drücken, abschalten, die Stimmung am Wasser in sich einströmen lassen. Grandios ist alleine das Licht. Grell, gleißend, stechend. Ein Sonnenlicht, das fast in den Augen schmerzt. Die Cala de la Media Luna ist der Inbegriff einer naturbelassenen Strandperle. „Halbmondbucht" heißt der Name übersetzt; beidseits wird sie von Felsmassiven begrenzt. Im Hinterland werfen sich Felsenkulissen aus Kegeln, Buckeln und Höckern auf, durchsetzt von Furchen und Senken. Eine steinige, staubige Szenerie. Das Meer ist kristallklar. Fußabdrücke verlieren sich im Sand. Schatten ist Fehlanzeige, bis auf einen schmalen Streifen unter den Felsüberhängen. An der Küste südwestwärts in Richtung Gata-Kap *(Cabo de Gata)* bleiben die Blicke an den schroffen Flanken hängen. Vor Jahrmillionen kehrte die Erde ihr Innerstes urgewaltig nach außen. Die Farbtöne zerfließen zwischen Ocker, Kreideweiß und Rostbraun. Faszinierend.

**Wo?**

Im Gemeindegebiet von 04118 San José

**Wann?**

Abzuraten ist vom Sommer. Juni–Sept. ist die Zufahrt für Privatfahrzeuge begrenzt. Wenig Parkmöglichkeiten; Alternative ist ein Zubringerbus ab San José. Schöner und einsamer ist es zwischen Herbst und Frühjahr.

**Wichtiges**

www.parquenatural.com

# Die Burg über dem „Spiegel des Meeres“. Großartige Ausblicke, sonnendurchflutete Gärten.

Über der Stadt Almería thront seit maurischen Zeiten die Festung Alcazaba, die mit ihren Gartenterrassen und Ausblicken bezaubert. Zickzack-Rampen und das hufeisenförmige „Tor der Gerechtigkeit“ *(Puerta de la Justicia)* führen hinauf und hinein in die Alcazaba, die über tausendjährige Burg von Almería. Freuen darf man sich auf ein weitläufiges Inneres mit Wehrgängen, Türmen, Gartenterrassen – und herrlichen Aussichten.

**Viele Kleinigkeiten entdecken**

„Der Anblick von Almería, vom Turm der Alcazaba aus gesehen, ist einer der schönsten der Welt“, schrieb der Spanier Juan Goytisolo (1931–2017) zu Beginn der 1960er-Jahre in seinem Roman „La Chanca“. Das Urteil im Zusammenhang mit der Welt war maßlos übertrieben, reduzieren wir es einfach auf „schön“. Der Blick schweift über die sonnengleißenden Weiten der See und die Stadt, die die Mauren „al-Mariyya“ nannten, „Spiegel des Meeres“. Details bei den Panoramen sind die Verladekräne am Hafen und Altstadthäuser mit Flachdachterrassen, auf denen Pflanzenkübel stehen oder Wäsche weht. Die Kathedrale hebt sich aus dem Stadtbild ab. Im Hinterland buckeln sich schrundige Halbwüstenberge auf. Almería liegt in einer der trockensten Gegenden Spaniens.

**Überall kann man Ruhe finden**

Córdobas erster Kalif, Abd ar-Rahmān III., befahl Mitte des 10. Jahrhunderts den Bau der Alcazaba. Historikern zufolge fasste die Burg bis zu 20.000 Menschen. An der Stelle der jetzigen Gartenterrassen breitete sich die Wohnstadt der Vorburg mit Soldatenhäusern aus. Darüber, hinter einem zweiten Mauerverbund, verbarg sich der Palastkomplex der Burgherrn. Zu Goytisolos Zeiten waren die terrassierten Gärten der Burg verlassen. Das hat sich geändert. Mittlerweile sind sie wohlgepflegt. Doch das, was Goytisolo notierte, trifft zu mancher Stunde noch immer zu: „Im Innern der Burg herrscht absolute Stille.“ Da kann man wunderbar in der Ruhe der Winkel versinken.

**Wo?**

Alcazaba, Calle Almanzor, 04002 Almería

**Wann?**

Wechselnde Öffnungszeiten: Mitte September bis Ende März Di–Sa 9–18 und So 9–15 Uhr; April bis Mitte Juni Di–Sa 9–21 und So 9–15 Uhr; Mitte Juni bis Mitte September Di–Sa 9–15 und 19–22 sowie So 9–15 Uhr

**Wichtiges**

www.turismodealmeria.org; der Eintritt in die Alcazaba ist frei.

# Schluchten, Flusstäler, weiße Dörfer, soweit das Auge reicht.

In der Gebirgsregion Alpujarras in Andalusien darf man sich auf eine regelrechte Kette an *Soul Places* freuen, die sich aus Dörfern wie Pampaneira, Capileira und Trevélez zusammensetzt.

**Von Ort zu Ort reisen**

Die Alpujarras (auch: Alpujarra) schieben sich in Andalusien zwischen die Südabstürze der Sierra Nevada und die Küstenberge des Mittelmeers. Nach dem Fall von Granada 1492, als die Christen das letzte Reich der Mauren eroberten, zogen sich viele vertriebene Muslime dorthin zurück. Zu ihrem Erbe zählen Feldbauterrassen und Bewässerungssysteme. Weit im Südosten der Stadt Granada ist Lanjarón der verkehrstechnisch beste Einstiegspunkt in die Bergwelt, wo Oliven, Orangen, Feigen, Mandeln und Granatäpfel wachsen. Agaven und Opuntien wuchern bis an die Straßenränder.

**Frische Luft und guter Schinken**

In den Dörfern Pampaneira und Capileira lässt man sich durch die Gassen treiben. Mehlweiße Hausfassaden und holzgestützte Überhänge gehören ebenso zu den Ansichten wie Brunnen und Blumenschmuck. Obgleich es Andenkenläden gibt, hat das nichts mit touristischer Zurschaustellung zu tun. Man lebt halt gerne in solcherlei Umfeld, so wie die Großeltern und Urgroßeltern. Ein ums andere Mal tritt das Hochgebirgspanorama der Sierra Nevada ins Blickfeld. Im knapp 1500 Meter hoch gelegenen Trevélez wird die Luft merklich dünner. Die Produktion von luftgetrocknetem Serrano-Schinken genießt einen Ruf über die Lokalgrenzen hinaus. Das kühle, gemäßigte Klima hat viele Kleinbetriebe entstehen lassen, in denen die Keulen monatelang in Trocken- und Lagerräumen baumeln. Im Dorf Yegen verbrachte der britische Schriftsteller und Hispanist Gerald Brenan (1894–1987) sieben Jahre seines Lebens. In seinem Buch „Südlich von Granada" reflektierte er die Stille: „Die Ruhe war so tief, so allgegenwärtig, dass es des rauschenden Wassers oder des gelegentlichen einladenden Zupfens einer Gitarre bedurfte, sie zu ermessen."

**Wo?**

In der Provinz Granada südlich des Bergmassivs der Sierra Nevada

**Wann?**

Prinzipiell jederzeit, aber kalt im Winter

**Wichtiges**

Eindecken mit Serrano-Schinken kann man sich in Trevélez, z. B. bei Jamones Vallejo (Haza de la Iglesia, www.jamonesvallejo.com). www.alpujarraturistica.com

# Weißes Dorf am Abend. Verwinkelte Gassen, urige Häuser, unverfälschtes Ambiente.

Über Tag haben weiße Dörfer wie Frigiliana, im Hinterland der Mittelmeerküste Andalusiens gelegen, ihren Reiz. Doch nach Sonnenuntergang ist es fast noch schöner, unverfälschter und vor allem ruhiger.

**In eine andere Zeit zurückversetzt**

Abends, wenn die Tagesausflügler verschwunden sind, liegt das Weiß der Häuser von Frigiliana im stimmungsvollen Schein der Laternen da. Orientierungspunkt im Ort ist die Casa Solariega de los Condes, ursprünglich ein Renaissancepalais, das der Volksmund schlichtweg El Ingenio nennt, in etwa „Zuckerrohrfabrik". Ab deren Platz gibt die Geografie den Weg des Abendspaziergangs vor: aufwärts. Frigiliana legt sich über mehrere Etagen. Bald lässt man sich durch die Welten aus Gassen und Treppenaufgängen treiben. Immer weiter, immer höher. Einsam verhallen die Schritte. Irgendwo im Hintergrund knattern Mofas. Es riecht nach Kaminfeuer. Ebenerdig sind die Fenster der Häuser vergittert, vereinzelt weisen Schilder auf Alarmanlagen. Dass hier tatsächlich Einbruchgefahr herrschen soll, versetzt der verträumten Dorfromantik einen Dämpfer.

**Anstrengung führt zur Belohnung**

Ein paar alte Männer schlurfen über das unförmige Steinpflaster. Über behindertengerechte Aufgänge braucht sich niemand den Kopf zu zermartern – sie sind ein Planungsding der Unmöglichkeit. Jede Weinflasche, jedes Eier- und Zuckerpaket muss man schleppen. Das ist nichts für jeden, Frigiliana ein Paradebeispiel für eine gewachsene, traditionelle Dorfstruktur. Eine Katze huscht vorbei. Plastikgirlanden baumeln vor Türzugängen. Stromableser haben es denkbar einfach; viele Kästen zeigen verglast nach außen. Die Kirche San Antonio ist angestrahlt und liegt erhaben da. Die Pflanzenpracht nimmt überbordende Züge an. Tönerne Töpfe und Kübel stehen neben den Portalen, an vielen Fassaden klemmen Blumentopfgitter. Hinter den Mauern dröhnt Fernsehlärm, durchdrungen von Gesprächsfetzen, Geschirrgeklapper, Kinderkreischen. Spanische Schulkinder haben es hier gut. Der Unterricht beginnt erst morgens um neun Uhr.

**Wo?**

29788 Frigiliana

**Wann?**

Jederzeit, aber ausgesprochen stimmungsvoll nach Einbruch der Dunkelheit

**Wichtiges**

www.turismofrigiliana.es

# Kulissen aus Tausendundeiner Nacht. Bekanntes verzaubert weiterhin.

Ein Klassiker und eines der fesselndsten Bauwerke Spaniens mit Blick auf Granada: Da spürt man dem Paradies nach, das die Mauren auf Erden hatten.

**Berechtigte Berühmtheit**

Es ist ganz egal, wie viele Leute sonst in der Alhambra umherschwirren, dass ein striktes Zeitfenster die Eintrittszeit ins Herzstück des Palastbezirks vorgibt, dass es an manchen Stellen eng werden kann: Wer sich auf den Zauber der Alhambra einlässt, blendet alle Unannehmlichkeiten aus. In Außenansicht abstoßend wehrhaft, im Innern das Paradies auf Erden – der Bau der Alhambra, wegen ihrer rötlich-braunen Mauern „Rotes Schloss" genannt, basierte auf einem genialen Konzept. Dahinter stand, den im 13./14. Jahrhundert erbauten Palastbezirk der Maurenherrscher mit einem Mantel aus wuchtigen Mauern zu schützen und zu tarnen.

**So viel zu sehen**

Die Alhambra ist eine Abfolge an Stellungswechseln: vom Myrtenhof über den Botschaftersaal bis zum Löwenhof. Hinzu kommen die Vorburg Alcazaba und die Sommerresidenz Generalife mit ihren Gartenanlagen. Die Anlage, ein Stück Morgenland im Abendland, zieht magisch hinein mit Arkaden und Arabesken, Stalaktitenkuppeln, Hufeisenbögen, Schmuckbändern aus Keramik und Stuck. Blüten und Blätter verweben sich an den Wänden mit Sternen, mit geometrischen Mustern und arabischen Schriftzügen, die Allah loben und preisen. Zapfengebilde scheinen aus den Gewölben zu tropfen. Die Grenzen verschwimmen. Spielerisch leicht fließt die islamische Baukunst dahin, das Fluidum versetzt in eine andere Welt. Was ist Traum, was ist Wirklichkeit? Wasser ist ein wichtiges Element, das erfrischt und die Melodie des Lebens spielt. In den Becken stehen Spiegelbilder von Türmen und Bögen. „Es ist einem, als wäre man von einem Zauberstab berührt und vier oder fünf Jahrhunderte zurück mitten in den Orient versetzt worden", schrieb der Franzose Théophile Gautier (1811–1872). Mittlerweile sind weitere Zeiten vergangen, doch die Worte unverändert gültig.

**Wo?**

Alhambra, Calle Real de la Alhambra, 18009 Granada

**Wann?**

Anfang April bis Mitte Oktober täglich 8.30–20 Uhr, Mitte Oktober bis Ende März 8.30–18 Uhr

**Wichtiges**

http://tickets.alhambra-patronato.es; offizielles Portal, hier reserviert man die Tickets und wählt die Zugangszeit in den Palastbezirk *(Palacios Nazaríes)* aus; Möglichkeit eines Spätabendbesuchs *(visita nocturna)*.

# Gassengewirr und Traumblicke. Ein Viertel, das zum Erkunden einlädt.

Würde man unter Spanienkennern eine Umfrage zum landesweit schönsten Stadtviertel starten, stünde das Viertel Albaicín in Granada wohl ganz oben.

**Blickwinkel**

Es ist als Weltkulturerbe geadelt, überzieht einen Bergrücken und erlaubt einzigartige Ausblicke auf die gegenüberliegende Alhambra, so wie man es auch von der Alhambra komplett im Blick hat: das Viertel Albaicín, der älteste und stimmungsvollste Stadtteil Granadas, der in anderen Schreibweisen als Albayzín oder Albaycín auftaucht. Im Mittelalter siedelten hier die Mauren, und noch heute fühlt man sich in eine Medina Nordafrikas versetzt. Enge, verschlungene Gassen, steil an den Hang gesetzt und beginnend über dem Taleinschnitt des Flusses Darro. Kalkweiße Häuser mit kühlen Innenhöfen. Dachterrassen mit Wäscheleinen. Winzige Plätze.

**Man möchte sich glatt verlaufen**

„Lost im Albaicín" mag die Vorgabe zur Entdeckung sein. Sich einfach treiben lassen, ohne aufs Smartphone zu schauen, im Gewirr der Gassen verlieren, einen romantischen Winkel nach dem nächsten entdecken – das ist das, was am meisten Spaß macht im Albaicín. Dass man zwischenzeitlich die Orientierung verliert, ist nahezu garantiert. Über Fassaden ziehen sich Kabelstränge und bunte Kacheln. Zuweilen blättert der Putz, andernorts blüht neuer Chic. Farbe ins Bild bringen Bougainvilleen, Zypressen, Palmen, Pflanzenkübel. Krönung des Viertels in jederlei Hinsicht ist ganz oben der Aussichtspunkt San Nicolás mit dem Panorama der Alhambra. Diese Aussicht allein ist eine Spanienreise wert. In der Nähe verrät die moderne Moschee, dass die Andersgläubigen 1492 nicht auf ewig besiegt und vertrieben wurden; mittlerweile leben wieder viele Menschen in Granada, die sich zum Islam bekennen. „Wer Granada nicht gesehen hat, hat nichts gesehen", lautet ein geflügelter Spruch. Dem sei hinzugefügt: Wer nicht im Albaicín gewesen ist, ist nicht in Granada gewesen.

**Wo?**
Albaicín, 18010 Granada

**Wann?**
Den ganzen Tag

**Wichtiges**
www.granadatur.com

# Weite Ausblicke auf Oliven und Berge. Eine Burg über der Stadt.

Die Stadt Jaén liegt abseits der großen Reiserouten durch Andalusien, doch das Kastell Santa Catalina ist einen Abstecher wert.

### Unendliche Weiten

Der Bergkegel mit dem Kastell Santa Catalina beherrscht die Gegend und erlaubt wunderbare Ausblicke in die Ferne. Hügel wellen sich dahin, überzogen von Oliven, nichts als Oliven. Uniforme, schier endlose Reihen, soweit das Auge reicht. Beim Schwenk der Perspektive kratzen Gipfel an der 2000-Meter-Marke. Wahrzeichen in den Tiefen der Provinzhauptstadt Jaén ist der wuchtige Renaissancebau der Kathedrale. Die Geschichte des Bergrückens weist für das Hochmittelalter zwei Burgvorläufer aus, deren Areal heute ein Parador-Hotel einnimmt. Ritterrüstungen, lange Gänge, Leuchter, Truhen und Holzbalkendecken pflegen die auf alt polierte Aura. In einem Salon stützt die Skulptur der Santa Catalina, auf Deutsch als heilige Katharina von Alexandrien bekannt, ihren Fuß triumphierend auf einen Maurenkopf – aus spanischer Sicht hat der wahre Glaube den Unglauben besiegt. Eine weitere Legende weiß, dass Katharina Anteil an der Rückeroberung Jaéns aus maurischer Hand hatte. Im Traum erschien sie König Ferdinand und spornte ihn zur Beharrlichkeit an, genau in dem Moment, als er die Belagerung wegen allzu starker Gegenwehr aufgeben wollte. Die Stadt fiel 1246 an einem 25. November, dem Gedenktag der Heiligen.

### Die Burg aus dem Fels

Die Hauptburg, das eigentliche Castillo de Santa Catalina, scheint mit dem Fels verwachsen. Stolz und uneinnehmbar wirken die Mauern und sechs Türme, obgleich sie ihren Schrecken verloren haben. Im Lauf der Jahrhunderte erfuhr die Burg diverse Umnutzungen, die dramatischste 1810, als die napoleonischen Truppen zur Eroberung anrückten und das Kastell in ein Hauptquartier verwandelten. Da half selbst der Beistand der heiligen Katharina nichts mehr. Umso schöner ist die geruhsame Stimmung von heute, auch abends von außen nach Ende der Öffnungszeiten.

**Wo?**

Castillo de Santa Catalina, Carretera al Castillo y Neveral, 23003 Jaén

**Wann?**

Mitte Juni bis Mitte September Mo–Sa 10–14 und 17–21 Uhr, So 10–15 Uhr, Mitte September bis Mitte Juni Mo–Sa 10–18, So 10–15 Uhr

**Wichtiges**

http://castillosantacatalina.es

# Verträumtes Bergdorf. Perfektes Zusammenspiel zwischen Natur und Bauwerken.

Wer nach Zuheros in der andalusischen Provinz Córdoba kommt, wird zustimmen, dass der Eintrag auf der Liste der „Schönsten Dörfer Spaniens" zu Recht dort steht.

**Beschaulich**

Ein Bergdorf wie ein Gemälde, eingebettet in den Naturpark Sierras Subbéticas, regelrecht an den Hang geklebt. Kalkweiße Häuser ducken sich zusammen. Die Burgruine wächst aus dem Fels – Bauwerk und Natur wie aus einem Guss. Kein Wunder, dass es Zuheros auf die Liste der „Schönsten Dörfer Spaniens" geschafft hat. Es geht steil hinauf und hinunter in Zuheros. Die schmale Ortsdurchfahrt treibt Fremden am Steuer die Schweißperlen auf die Stirn. Irgendwo parken, das hat jetzt Vorrang. Rosenstöcke duften vor Häusern. In einer Gasse riecht es nach frischem Feuer. Durch ein Gitter fällt der Blick in einen Innenhof mit Blumentöpfen und Kachelwänden. Kabelgehänge laufen an Häusern längs und sind – passend zu den Fassadenanstrichen – weiß überpinselt worden. An einer Tür fällt ein golden glänzender Türklopfer in Handform auf. Irgendwo wächst ein Zitronenbaum in einem Hof. Den Dorfplatz zieren Laternchen und ein winziger Brunnen.

**Natürlich geblieben**

Die mittelalterliche Festung geht auf eine Gründung der Mauren zurück. Eingefasst in Mauern, war das Dorf eine Station zwischen den Städten Córdoba und Granada. Nach der Rückeroberung durch Christen Mitte des 13. Jahrhunderts wurde aus der Moschee, wie üblich, ein Gotteshaus zu Ehren Mariens. Zu Zeiten der Renaissance wurde es erneuert und heißt Nuestra Señora de los Remedios. Der Vorplatz der Burg erlaubt fantastische Blicke in die Fels- und Olivenweiten. Einfach tief durchatmen und genießen. Etwas abseits duftet Lavendel. Die Preise sind bodenständig, wie man der Kreidetafel an einem kleinen Restaurant entnimmt. Kroketten. Belegte Brote. Lammrippchen. Alles gut und günstig. Dass man kaum Kapital aus dem Ruf von Zuheros schlägt, gibt einen Sympathiepunkt obendrauf.

**Wo?**

14870 Zuheros

**Wann?**

Jederzeit, aber schönes Licht zum Sonnenuntergang; während der Siesta liegt alles ausgestorben da. Jedes Jahr im September findet in Zuheros ein Käsefest statt. Für alle Genießer!

**Wichtiges**

http://turismozuheros.es

# Ein Zufluchtsort im Olivenland. Innere Einkehr inklusive.

Im tiefen Andalusien ist dieses besondere Gästehaus nahe dem Städtchen Montoro von Oliven umgeben und in einer umgebauten Ölmühle untergebracht.

**Regeneration**

Wenn Roger Schläpfer durch die Olivenhaine seines Landhotels Olivetum Colina spaziert, empfindet er tiefe Ruhe. Gerne nimmt er Gäste mit auf seine Runde, schwärmt vom naturbelassenen Pflanzenwuchs, dem Duft von Fenchel und Lavendel. „Das ist pure Freude", sagt er. Schläpfer ist Schweizer, Jahrgang 1964. Früher war er daheim Banker und Head Hunter, lief auf Dauerbetrieb, so wie seine zwei Jahre jüngere Frau Brigitte. Dann gaben die Schläpfers ihrem Leben eine komplett andere Wendung. Nahe dem Städtchen Montoro, in einem versteckten Eck der andalusischen Provinz Córdoba, bauten sie eine historische Olivenölmühle zum Landhotel um. Ein kleiner Rückzugsort mit rustikalen Zimmern, einem Pool, hauseigener Küche und herrlichen Ausblicken ins hügelige Olivenland. Für die Schläpfers steht fest, was die Gäste hier sollen: ankommen, loslassen, genießen.

**Innehalten**

Eine Passion der beiden ist das selbst produzierte Olivenöl, rein ökologisch, Virgen Extra, die Königsklasse. 300 Bäume werfen ab Ende Oktober die Jahresernte ab. Bei dem goldgelben Extrakt fühlt sich Brigitte Schläpfer als Naturheilpraktikerin ganz in ihrem Element: „Olivenöl ist ein Heil- und Wundermittel erster Güte. Es reduziert das Cholesterin, stärkt das Immunsystem, hemmt Entzündungen, verbrennt Fette. Das ist Detox pur." Zudem schwärmt sie vom Olivenblättertee: „Der reguliert, harmonisiert, bringt uns in die Mitte." Beim Weg durch die Olivenhaine deutet Roger auf eine eigentlich unspektakuläre Stelle mit Felsen und Grün in einer Senke: „Da haben wir einen Kraftort. Sensible Leute beginnen da zu zittern, weil es so viel Erdenergie gibt. Da könnte ich stundenlang sitzen und einfach nur sein." Das bietet sich zur Nachahmung an.

**Wo?**

Olivetum Colina, Cortijo Triguillos, Calle San Fernando 293, 14600 Montoro, GPS N 38.039158, W 4.350253

**Wann?**

Jederzeit außer im Hochsommer, dann wird es zu heiß.

**Wichtiges**

www.olivetum-colina.es; die Anfahrt hat ihre Tücken, das Haus liegt einige Kilometer außerhalb von Montoro; Anfahrtbeschreibung auf Deutsch auf der Homepage.

# Zauber der Innenhöfe. Etwas abgelegen und unbekannt in einer quirligen Stadt.

Wer sich für Innenhöfe begeistert, fühlt sich beim Gang durch den historischen Adelspalast Viana in Córdoba in einen Rausch der Stille versetzt.

**Abseits des Trubels**

Die weltberühmte Moschee *(Mezquita)*, die Burg mit ihren Gärten, die Altstadt mit ihren Gassenlabyrinthen und der Synagoge, die Flussufer des Guadalquivir – das sind Klassiker in Córdoba. Deutlich weniger bekannt und etwas abseits gelegen ist der Palacio de Viana, ein denkmalgeschütztes Stadtpalais mit Wurzeln im 15. Jahrhundert. Im Interieur steckt der Muff der Zeiten. Teppiche. Polstersessel, Gobelins. Die eigentlichen Stars sind die Innenhöfe, die einen in unterschiedlichsten Größen in einen Rausch der Stille stürzen, zur Bewunderung und Besinnung anhalten. Zwölf auf einen Streich. So viele Innenhöfe *(patios)*, einer schöner als der andere, verteilen sich über den verwinkelten Komplex. Um deren Bedeutung zu verstehen, muss man sich Andalusiens lange, heiße Sommer vergegenwärtigen. Dann fällt dem Typus des Innenhofs – ob im Palacio de Viana oder andernorts – eine wichtige Rolle als kühle, schattenspendende Wohltat zu. Sehenswert sind sie jedoch jederzeit, gestaltet mit einem Faible für Pflanzen, für Grün, für die Erfrischung von Körper und Seele.

**Augen schließen und einatmen**

Bougainvilleenranken an den Wänden, Reihen aus Blumentöpfen, beschnittene Hecken, mal eine Palme – all dies bringt in den Innenhöfen die Natur in die Stadt. Wasserspiele plätschern. Spatzen trinken aus einer Brunnenschale. Ein Highlight ist der Orangen-Innenhof *(Patio de los Naranjos)*, der sich an maurischen Vorbildern orientiert und mit seinen Apfelsinenbäumen hält, was er verspricht. In den Zweigen verfangen sich Schatten-Licht-Spiele. Jeder Innenhof ist ein intimer Mikrokosmos, eine Kleinstoase des Wohlgefühls. Zusätzlich gibt es im Palacio de Viana den Garten als Bonusmaterial. Düfte und Farben explodieren, umgeben von Buchsbaum, Rosen, Zitronen, Mispeln.

**Wo?**

Palacio de Viana, Plaza de Don Gome 2, 14001 Córdoba

**Wann?**

Im Juli und August Di–So 9–15 Uhr, während des übrigen Jahres Di–Sa 10–19, So 10–15 Uhr

**Wichtiges**

www.palaciodeviana.com

# Traumthron über dem Guadalquivir. Die Blicke über die Stadt und Umgebung streifen lassen.

Hoch über dem Ort Almodóvar del Río und dem Flusslauf des Guadalquivir steigt die Bilderbuchfestung aus dem Hügelgrün.

**Veränderung**

Faszinierend an Burgen wie diesen ist nicht nur ihre exponierte Lage, sondern auch der Wandel der Vorzeichen: von Krieg zu Frieden. Im Mittelalter während des Dauerkonflikts zwischen Mauren und Christen erbaut, um Teilgebiete Andalusiens zu überwachen, den Feinden zu imponieren und Angriffe abzuschmettern, dominiert heute die beschauliche Stimmung. Burgentdecker aller Altersklassen werden hineinkatapultiert in die Vergangenheit. Die zinnengekrönten Mauern schrecken niemanden mehr. Im Gegenteil: Verschlungene Gänge, Türme und Treppen ziehen regelrecht hinein und spornen zu Entdeckungen an. Das gilt auch für Fantasy-Fans, denn das Kastell hat schon als Filmkulisse für die Fernsehserie „Game of Thrones" hergehalten.

**Ausblick deluxe und ein Verlies**

Beim Spaziergang schweifen die Blicke über das weiße Häusermeer von Almodóvar del Río, die Flussschleifen des Guadalquivir, die Felder, Olivenhaine, die Weite mit fernen Höhenzügen. Das hat etwas zutiefst Beruhigendes. Besonders schön ist das Panorama vom Huldigungsturm *(Torre del Homenaje)*, über den eine sanfte Brise zieht. Ein anderer Wind wehte vor Jahrhunderten. Das lassen ausgestellte Kanonenkugeln, Replikate von Schwertern, eine Ritterrüstung und metallene Ritterhandschuhe erahnen. Im Kerker, so erfährt man, landeten unter Peter dem Grausamen (1334–1369), König von Kastilien-León, Widersacher aus den eigenen Reihen. Das Guckloch über dem Verlies mit drapierten Skeletten veranschaulicht, was es hieß, dort gelandet sein. Das bringt die Gedanken ins Rollen. Im Spannungsbogen zwischen Geschichte und Gegenwart mag uns all das vor Augen halten, dass es keinen größeren Fortschritt gibt, als in Frieden leben zu dürfen.

**Wo?**

Calle del Castillo,
14720 Almodóvar del Río

**Wann?**

April bis September Mo–Fr 11–14.30 und 16–20, Sa/So 11–20 Uhr; Oktober bis März Mo–Fr 11–14.30 und 16–19, Sa/So 11–19 Uhr; Kassenschluss immer 1 Std. vorher

**Wichtiges**

http://castillodealmodovar.com

# Bombastische Glaubensburg. Zwischen Stille, Ausblick und erschlagender Pracht.

Es ist nicht so, als müssten pompöse Kathedralen wie jene von Sevilla zwangsläufig Respekt einflößen. Doch ein Bauwerk wie dieses ist ein einzigartiges Zeugnis von Geschichte, Kultur, Kulturgeschichte.

### Vermischung der Religionen

„Lasst uns eine Kirche bauen, so grandios, dass jene, welche sie vollendet sehen, uns für von Sinnen halten", gab Sevillas Geistlichkeit den Weg vor – und hielt Wort. Auf dem Grund der Hauptmoschee entstand im Stile der Gotik eines der weltweit größten Gotteshäuser, dessen Wahrzeichen nicht originär von den Christenmeistern stammte: das vormalige Minarett, die Giralda. Im Gegensatz zum eigentlichen Bau hebt sich der einstige, später aufgestockte und mit der Bronzefigur Giraldillo versehene Moscheeturm vergleichsweise leichtfüßig und erhaben vor dem Himmel Sevillas ab, herrlich bei Tag und Nacht.

### Darauf einlassen

Die Kathedrale erschlägt, keine Frage. Aufwendig und glanzvoll sind das (vermeintliche) Grabmal des Christoph Kolumbus und das Hauptretabel mit einem über 200-köpfigen Figureninventar. Stiller und bescheidener geht es in der Kapelle San Antonio zu, wo sich der Blick an ein Glasfenster mit dem Motiv der heiligen Schwestern Justa und Rufina haftet. Laut Legende zu Römerzeiten gemartert, geisterten sie ein gutes Jahrtausend nach ihrem irdischen Tod zum Turm der Kathedrale, der unter einem Erdbeben wankte. Mit all ihren Kräften stützten sie die Giralda und bewahrten sie vor dem Einsturz. Diese Rettungsaktion haben die Sevillaner ihnen nicht vergessen. Justa und Rufina sind Schutzheilige der Stadt. Wer zum Sturm auf die Giralda bläst, geht über Rampen aufwärts, die vormals für Reiter geeignet waren. Gewiss, allein auf weiter Flur trabt man nicht hinauf – doch am Ende des Aufstiegs, wenn die Blicke über das Meer aus Häusern schweifen, fühlt man sich zutiefst mit Sevilla verbunden.

**Wo?**

Catedral, Avenida de la Constitución/Plaza de Triunfo, 41004 Sevilla

**Wann?**

Mo–Sa 10.45–18, So 14.30–19 Uhr

**Wichtiges**

www.catedraldesevilla.es

# Grüne Lunge einer Großstadt. Das Treiben beobachten und umherstreifen.

Wie geschaffen ist der Parque de María Luisa in Sevilla, um tief durchzuatmen, im Schatten zu flanieren, die Eindrücke von Altstadt und Kathedrale sacken zu lassen.

**Mittendrin**

Der Park ist die grüne Lunge Sevillas, eine Megaoase von 340.000 Quadratmetern. Hundertjährige Orangenbäume wurzeln hier, Palmen, Magnolien, Jasmin, Oleander, Zypressen, Myrten, Eukalyptus, Rosensträucher, Buchsbaumhecken. Nicht nur in Sevillas Sommer, wenn das Thermometer 40 Grad und mehr anzeigt, lockt der historische Park als Fluchtpol Touristen und jene Einheimischen an, die nicht dem Exodus aus der Hitze an die Küste gefolgt sind. Heiß und innig lieben die Sevillaner ihren Stadtpark zu jeder Jahreszeit. Er verheißt pure Entspannung und zählt zum verlängerten Wohnzimmerbereich der Einheimischen. Hier trifft sich ein flanierender, rastender, lesender, müßiggängerischer Querschnitt der Gesellschaft. Inmitten üppiger Vegetation gibt es genügend Wege und Bänke, die etwas Ruhe versprechen. Alte und Junge finden zusammen, Pärchen, Studenten, Familien mit Kindern und Picknickdecken. An Sonn- und Feiertagen gibt man sich im Schweif von Parfum und Eau de Toilette dem Sehen-und-Gesehen-werden und dem Riechen-und-Gerochen-werden hin. Andalusier kultivieren gerne ihren Chic. Die Eleganz findet im Parque de María Luisa einen würdigen Rahmen.

**Für das Volk**

Die Geschichte des Parks reicht in die Mitte des 19. Jahrhunderts zurück, als die Grafen von Montpensier das mit einem Palast erworbene Terrain als riesiges Gartengelände ausgestalten ließen. Jahrzehnte später schrumpfte die Romantik vom privaten XXL-Format um die Hälfte, als die Infantin María Luisa der Stadt einen Teil des Parks übergab. Es gab kein Halten mehr, der Weg für die Öffentlichkeit war geebnet. Die Rast auf einer Bank ist wie geschaffen, um die Eindrücke von Sevilla vor dem inneren Auge vorbeiziehen zu lassen.

**Wo?**

Parque de María Luisa, Paseo de las Delicias/Avenida Isabel la Católica, 41013 Sevilla

**Wann?**

Im Sommer täglich 8–24 Uhr, sonst bis 22 Uhr; Zugang kostenlos

**Wichtiges**

www.visitarsevilla.com

# Bizarres Zaubergebirge. Beim Wandern innehalten und die Wunder der Natur genießen.

Im Naturschutzgebiet El Torcal de Antequera in der Provinz Málaga im Küstenhinterland Andalusiens stürzen Felsentürme und Fantasiegebilde auf ihre Betrachter ein.

**Nicht nur karger Fels**

Schroffe Schichtwerke. Wulstige Felsfinger. Kloben wie von Zyklopenhand ausgeschleudert. Das Naturschutzgebiet El Torcal de Antequera gereicht einem Freilichtmuseum aus Steinskulpturen zur Ehre. Es ist eine Märchenwelt, eine Karstlandschaft, dessen untermeerische Entstehung vor etwa 200 Millionen Jahren einsetzte. Zu empfehlen sind zwei Rundwanderwege, für die man adäquates Schuhwerk haben muss: die „Grüne Route" *(Ruta Verde)* und die längere, abwechslungsreichere „Gelbe Route" *(Ruta Amarilla)*. Wer die holprigen Pfade begeht und Felswände streift, lernt schnell, dass es unmöglich ist, gleichzeitig auf Boden und Landschaft zu achten. Man bleibt oft stehen, hält inne, wird zum Betrachter von Gebilden, die die Vorstellungskraft antreiben. Pfannkuchentürme. Haifischflossen. Gesichter grimmiger Bergwächter, mit Lippenwülsten herausgeschnitten aus dem Gestein. Oder sind es Personen mit Federschmuck?

**Einfallsreichtum ist gefragt**

Teils senkrecht, teils geneigt, ragen Felsentürme empor. Ein bizarres Labyrinth, wie geschaffen für Science-Fiction-Filme. Fliegen summen. Das Sonnenlicht dringt durch Steineichen. Moos liegt über dem Fels. Das Gestein ist perforiert. Löcher. Risse. Spalten. Über einem Pfad hängt eine riesige Totenmaske. Man glaubt, den leicht nach hinten geneigten Kopf zu erkennen, die Nase, die geschlossenen Augen, den geschlossenen Mund. Dann steht plötzlich eine Hexe dort. Der Körper ist gebeugt. Ihre Arme sind unter einem Umhang verborgen. Sie trägt ein Kopftuch, stemmt sich gegen den Wind. Oder ist das Kopftuch der Schuppenpanzer eines Krokodils, das den Rachen aufsperrt? Das Naturschutzgebiet El Torcal de Antequera in der andalusischen Provinz Málaga: Das ist auch dort, wo die Fantasie mit ihren Betrachtern durchgeht.

**Wo?**

Paraje Natural El Torcal de Antequera, etwa 15 km südlich der Kleinstadt Antequera

**Wann?**

Die Wege sind jederzeit kostenlos begehbar; das Besucherzentrum *(Centro de Visitantes)* öffnet April bis Oktober täglich 10–19, sonst 10–17 Uhr.

**Wichtiges**

www.torcaldeantequera.com; die „Grüne Route" ist etwa 1,5 km lang, die „Gelbe Route" 3 km.

# Imposant am Abgrund. Unvorstellbare Architektur hoch hinaus.

Spektakulärer als Ronda liegt kaum eine Stadt am Abgrund, was schon der Dichter Rainer Maria Rilke rühmte.

**Freier Blick in die Umgebung**

Gräser und Büschel klammern sich an die letzten Hänge. Dann fallen die Felswände senkrecht ab. Über einhundert Meter tief. Ein Anblick, der Respekt einflöst und spektakulärer kaum sein könnte. Der Tajo-Canyon teilt Ronda, öffnet sich inmitten der Stadt und ist ihr natürliches Wahrzeichen. Das Flüsschen, der Río Guadalevín, der unten durch das Gestein rauscht, wirkt im Vergleich zu den Felskulissen eher mickrig. Über den Felsschlund spannt sich die Neue Brücke in hoch aufgerissenen Bögen. Sie ebnet die Wege durch die Kleinstadt, die als gewachsenes Gesamtwerk so etwas wie die Essenz Andalusiens en miniature formt. Samt Plätzen und Gassen, Kirchen, Palästen, einer der ältesten Stierkampfarenen Spaniens, Park- und Aussichtspromenaden, den Spuren der Mauren.

**Wie der Fantasie entsprungen**

Ronda bringt einen gleichzeitig auf die Fährte des Dichters Rainer Maria Rilke (1875–1926), der bis Februar 1913 zwei Monate in Ronda verbrachte. Genauer gesagt: im Hotel Reina Victoria. „Phantastisch und überaus großartig", hielt Rilke über Ronda fest und rühmte die Aussichten auf die Gebirgswelt als „Panorama von unbeschreiblicher Hoheit", „Berge wie aufgeschlagen, um Psalmen daraus vorzusingen". Wochenlang genoss er die „Luft von wundervoller Klarheit und Frische" und die „unvergleichliche Erscheinung dieser auf zwei steile Felsmassen, die die enge Flusschlucht trennt, hinaufgehäuften Stadt." Im Garten des Hotels begegnet man Rilke als mannshohes Denkmal. Der Dichter, in Bronze mit einem Buch in der Rechten, schaut auf die ferne Sierra de Grazalema.

Laut Rilke war es der beste Entschluss, dort hingereist zu sein. Daran kann man sich ein Beispiel nehmen. Man muss ja nicht unbedingt gleich zwei Monate bleiben.

**Wo?**
29400 Ronda

**Wann?**
Ganzjährig zu jeder Zeit

**Wichtiges**
www.turismoderonda.es
www.cataloniahotels.com

# Kulissen in Weiß. Von den Mauren erbaut, sind sie auch heute noch ein Sinnbild Spaniens.

Weiße Dörfer *(Pueblos blancos)* wie Arcos de la Frontera sind Klassiker in Spaniens Süden.

**Postkartenmotiv**

Ein Hügel mit Häuserkuben in leuchtendem Weiß, gepflasterten Gassen, labyrinthischen Winkeln – das sind die Zutaten für weiße Dörfer nach dem Muster, das im Mittelalter die Mauren prägten. Davon gibt es in der andalusischen Provinz Cádiz einige. Auf der Suche nach dem allerschönsten Gepräge mit weißgewaschenen Häusern führt kein Weg an Arcos de la Frontera vorbei, das mit seiner Ausdehnung mehr Kleinstadt-, als Dorfcharakter trägt. Hoch über dem Flusslauf des Guadalete sitzt Arcos de la Frontera einem Felsmassiv auf. Der Weg hinauf in den denkmalgeschützten Kern führt auf den Platz vor der Burg, die allerdings nicht zu besichtigen ist, und zur Basilika Santa María, die einst aus einer Moschee hervorging. Über die benachbarte Gasse spannen sich die Stützbögen der Kirche, in der die Stile von Gotik bis Barock durcheinanderwirbeln. Im nahen Kloster der Barfüßigen Mercedarierinnen *(Convento de las Mercedarias Descalzas)* leben Klausurnonnen, die ihr selbstgemachtes Gebäck verkaufen. Man muss nur klingeln, dann kommt Leben in die andere, die abgeschottete Seite. Die Preise sind alles andere als rückständig und entsprechen der Gegenwart.

**Für Leib und Seele**

Blumentöpfe und schmiedeeiserne Gitter zieren viele Fassaden im historischen Viertel. In Innenhöfen und gekachelten Hauseingängen hält sich die Kühle. Aus Tavernen wehen verführerische Düfte, davor stehen wacklige Tische und Stühle auf dem Pflaster. Zum ausgiebigeren Tafeln bietet sich das Restaurant des Parador-Hotels am Burgplatz an. Der beste Aussichtspunkt ist der Mirador de Abades, wo Bougainvilleen blühen und der Blick über den Guadalete, die Bergwelt der Sierra de Grazalema und ein Patchwork aus Feldern schweift. Ein schöner Platz, um sich in Ruhe niederzulassen – obgleich die Bänkchen leicht schräg stehen.

**Wo?**

11630 Arcos de la Frontera

**Wann?**

Ganzjährig und zu jeder Zeit

**Wichtiges**

www.turismoarcos.es

# Kunst in Sherrylagern. Etwas für das Auge und die Geschmackssinne.

Ebenso exklusiv wie der Preis ist das Erlebnis in der Sherrykellerei Bodegas Tradición in Jerez de la Frontera, die eine außergewöhnliche Überraschung bereithält.

**Kultur mit Genuss verbinden**

Was verbindet Sherry mit Kunst? Nichts, mag man meinen. Doch in der Kellerei Bodegas Tradición in der andalusischen Sherrystadt ist alles anders. Über die Fasslager hinaus verbirgt sich im Inneren eine der am wenigsten zu erwartenden Gemäldesammlungen Spaniens. Der Wermutstropfen: Dieser Ort mit Kunstnote ist einer der teuersten im vorliegenden Buch. Im exklusiven Preis ist eine ebenso exklusive Führung mit Sherry-Verkostung enthalten – und der Zutritt in eine Kunstkollektion mit etwa 60 Gemälden spanischer Maler aus dem Spätmittelalter bis ins 19. Jahrhundert.

**Namhafte Künstler**

Die versteckte Galerie ist sagenhaft. Wo sonst bietet sich die Chance, Kunst so privat, so elitär zu genießen? Hier darf man ganz nah rangehen an die punktgenau angestrahlten Gemälde, die vornehmlich religiösen Charakter tragen. Meisterhaft sind „Der heilige Franz von Assisi im Gebet" von El Greco und „Christus in der Vorhölle" von einem Anonymus aus dem 14. Jahrhundert – samt züngelnder Flammen und Furcht erregender Fratzen. Die Frage, warum sich hier die Kunstwerke ballen, hat Führerin Sabrina erwartet. „Die Bilder wurden seit den 1980er-Jahren von unserem Gründer Joaquín Rivero und später in enger Zusammenarbeit mit seiner Tochter Helena Rivero gesammelt", erklärt sie. Ziel der Ausstellung sei es, „eine Reise durch die spanische Kunstgeschichte zu erleben", so Sabrina. Das muss man erst einmal sacken lassen: bei der Sherrykostprobe. Und die hat es in sich. Stilvoll serviert werden ausnahmslos hochwertige Sherrys, die langjährige Reifen hinter sich haben und samtweich über den Gaumen streichen. Kenner schmecken edle Hölzer heraus, Mandeln, Rosinen.

**Wo?**

Bodegas Tradición, Calle Cordobeses 3, 11408 Jerez de la Frontera

**Wann?**

Teilnahme an Führungen auf Deutsch gewöhnlich Mo–Sa 13 Uhr, auf Englisch Mo–Sa 10 und 16 Uhr sowie So 10 Uhr; Reservierungen über das Formular auf der Homepage

**Wichtiges**

http://bodegastradicion.es; der Preis für eine Führung in einer Kleingruppe beträgt 50 € pro Person.

# Meer und Wellen, Möwengekreische, die Füße im Sand. Wilde Strände ganz allein genießen.

Wer den rauen Atlantik mag, wird auch die Kette kleiner Strände an der „Küste des Lichts" in der Provinz Cádiz lieben.

**Durch die Natur**

Nordwestlich des Küstenorts Conil de la Frontera bietet sich eine Ballung kleiner, wilder Strände zu Füßen der Klippen als Plätze für Herz und Seele und eine Abkühlung an: die Calas de Roche. Übersetzt bedeutet das „Buchten von Roche", doch die von Felsen flankierten Abschnitte wenden sich ungeschützt dem Atlantik zu. Deshalb spricht man besser von Stränden. An der Straße zwischen dem leuchtturmbesetzten Kap Roche und der Siedlung Roche *(Urbanización Roche)* liegen Parkstreifen, von denen sich Pfade lösen. Zu Fuß geht es nun an die nahe Küste, teils über Bohlenstege, die dem Schutz der Vegetation dienen. Schirmpinien und Stechginster wachsen hier, Zistrosen, Mittagsblumen, Wacholdersträucher. Eine Eidechse flieht ins Gesträuch. Dann erreicht der Weg den Klippenrand. Fast nahtlos gehen die Grünfacetten des Hinterlands ins Dunkelblau des Ozeans über. Ein Treppenabstieg führt zur Cala del Frailecillo, einem der Strände.

**Nicht viel los**

Unten, abgeschirmt von Felswänden, fühlt man sich wie in einer Blase aus Raum und Zeit. Das Bad erfrischt, kaum eine Menschenseele ist unterwegs. Pure, unverfälschte Natur frei von Infrastruktur. Keine Liegenverleiher. Keine Duschen. Keine Trinkbuden. Keine Beschallung. Der Atlantik hat seine eigenen Gesetze. Fünf Meter Unterschied sind beim Tidenhub keine Seltenheit. Bei Flut werden die Strände fast ganz überspült. Dann bleibt immer noch der Rückzug auf die Klippen mit dem Ausblick und der frischen, unverbrauchten Luft. Und dem Licht! Dieses Licht leuchtet ganz besonders. Daher der Name der Küste, zu der die Calas de Roche gehören: Costa de la Luz, „Küste des Lichts".

**Wo?**

Die nahe der Calas de Roche verlaufende Landstraße trägt die Nummer CA-4202.

**Wann?**

Auf Ebbe und Flut achten, die Unterschiede sind erheblich; eine Gezeitentabelle, auch online, gibt Aufschluss.

**Wichtiges**

www.conilplaya.com/calas-de-conil.htm

# Wo der Wind bläst und Afrika zum Greifen nah liegt.

Das windgepeitschte Hafenstädtchen Tarifa in Andalusien liegt an der Meerenge von Gibraltar und damit ganz nah an Afrika.

## Für das Wohl anderer

Es bläst gewaltig, so wie immer. Der Wind peitscht eine Mischung aus Gischt und Sand vor sich her, die wie Sprühregen niedergeht. Tarifa, das ist Andalusiens Land's End, der südlichste Zipfel der Iberischen Halbinsel. Im Hintergrund, kaum 15 Kilometer entfernt an der Gegenseite der Meerenge von Gibraltar, erheben sich die Gebirgskulissen von Marokko. Tarifa ist die Schnittstelle, die Naht zwischen den Kontinenten, zwischen Atlantik und Mittelmeer. An strategisch günstiger Stelle errichteten die Mauren um 960 ihr Kastell. 1292 von den Christen erobert, holten die Muselmanen zum Gegenschlag aus und begannen mit der Belagerung der Burg. Das Kommando der Spanier hatte Alonso Pérez de Guzmán, dessen Sohn laut Überlieferung in die Hände der Glaubensfeinde geriet. Aufgabe der Festung oder Tod der Geisel – als die Mauren ihre Forderung stellten, gab es für Guzmán keinen Zweifel. Er hielt die Stellung und opferte seinen Sohn. Für die Spanier wurde er zum Helden und zu „Guzmán dem Guten" *(Guzmán el Bueno)*. Das zinnengekrönte Kastell ist nach ihm benannt und im Stadtwappen verewigt.

## Katzensprung nach Afrika

Kein Tag vergeht ohne Wind, der sich oft zu Sturmböen steigert. Kite-, Wind- und Wingsurfer lieben die Reviere. Im Hinterland wirbeln Windkrafträder, an Tarifas Rathaus scheinen die Fahnen niemals zur Ruhe zu kommen. Unablässig pfeift der Wind durch die Gassen, spielt mit Hibiskusblüten, Bougainvilleen, Orangenbaumzweigen. An der kleinen Aussichtspromenade Miramar, an die Reste der Stadtmauer stoßen, zurrt er an den Laternen, fährt durch Lavendelsträucher, rüttelt an Palmen. Es ist nicht leicht, die Kamera ruhig zu halten beim Blick auf die Meerenge. Das Licht ist sehr hell. Möwen halten sich im Wind. Frachtschiffe schieben sich ins Bild. Draußen kocht die See. Und Afrika liegt zum Greifen nah.

**Wo?**

11380 Tarifa

**Wann?**

Jederzeit; das Kastell öffnet Mi–So 10–16 Uhr.

**Wichtiges**

http://tarifaturismo.com
www.castilloguzmanelbueno.com

# Zwei Eidechsen pro Quadratmeter. Miniatur-Drachen in Hülle und Fülle.

Wer von der „Dracheninsel" Sa Dragonera hört, denkt vielleicht an Feuer speiende Ungeheuer. Doch die „Drachen" auf dem Eiland sind klein und ungefährlich.

**Überall ein Rascheln**

Es kreucht und fleucht auf dem Boden – die „Dracheninsel" Sa Dragonera im Westen von Mallorca ist von Menschen unbewohnt, aber Lebensraum zahlreicher Balearen-Eidechsen mit dem wissenschaftlichen Namen *Podarcis Lilfordi giglioli*. Sie erreichen eine Maximallänge von etwa 20 Zentimetern und sind unterschiedlich gefärbt, mal dunkelgrün, mal braun.

**Die Urtümlichkeit bewahrt**

Ein Bootszubringer führt ab Sant Elm auf das schroffe Eiland zu, das als Naturpark ausgewiesen ist und mit zwei markanten Zacken bis zu 352 Meter hoch ansteigt. Bis Mitte des 20. Jahrhunderts lebten hier noch Mönchsrobben; in den 1970er-Jahren wurde Sa Dragonera zum Glück vor dem Schicksal einer luxuriösen Hotel-Enklave bewahrt. Hier ist man weit weg von Touristenmassen und betonversiegelten Küstenstrichen. „All inclusive" ist das Naturerlebnis. Ab dem Bootsanleger stehen vier Wanderwege zur Wahl, darunter zum Leuchtturm Tramuntana. Die Begegnung mit den Minidrachen ist garantiert. Überall huschen sie über die Steine und durch das Gesträuch. Während den Eidechsen auf den größeren Inseln der Balearen von Menschen eingeführte Katzen und andere Feinde zusetzten, konnten sie auf kleineren Felseninseln wie diesen überleben – und zwar zuhauf. Die exakte Zahl der Eidechsen auf Sa Dragonera wissen selbst Naturexperten nicht, gehen aber im Schnitt von zwei Schuppenkriechtieren pro Quadratmeter aus. Wurzelwerk legt sich über den steinigen Weg, der als Aussichtstraße hoch über dem Meer verläuft. Flipflops sind definitiv die falsche Wahl, besser Schuhe mit dicken Sohlen. Es riecht nach Kiefern. Die Sonne brennt. Möwen segeln durch das Stahlblau des Himmels. Unten brandet die See um Felsnasen. Begleiter bleiben die Eidechsen, die den Weg kreuzen und sich in die Bilder der Stille fügen.

**Wo?**

Das Inselchen ist dem Westen Mallorcas vorgelagert, der nächste Ort heißt Sant Elm.

**Wann?**

Bootszubringer ab Sant Elm gewöhnlich ab Februar/März bis Ende Oktober

**Wichtiges**

www.infomallorca.net

# Im Nostalgie-Zug die Landschaft Mallorcas an sich vorbeiziehen sehen.

Das nennt man buchstäblich Zugkraft: Die nostalgische Schmalspurbahn „Tren de Sóller" verkehrt zwischen Palma de Mallorca und Sóller, also zwischen dem West- und Nordwestteil Mallorcas.

**Not macht erfinderisch**

Es ist Mallorcas schönstes Stück rollende Nostalgie: die Schmalspurbahn „Tren de Sóller" durch die Bergwelt von Palma de Mallorca nach Sóller (oder umgekehrt). Was längst ein touristisches Schaukelvergnügen ist, hatte zu Beginn des 20. Jahrhunderts andere Hintergründe. Der im Nordwesten gelegene Ort Sóller, in dem die Orangenplantagen reiche Ernten brachten, war durch die Bergbarriere der Serra d'Alfàbia vom Rest der Insel abgeschnitten und lag isoliert da. Das hemmte die wirtschaftliche Entwicklung. Zwischen 1907 und 1912 schaffte der Bau der Bahnstrecke Abhilfe.

**Das Rattern des Zuges**

Wer heute auf den Zug aufspringt, steckt in einem Mantel aus lackiertem Holz, in dem die geöffneten Schiebefenster die Klimaanlage ersetzen. Platz geben Kunstlederbänkchen. Das Abfahrtsignal schnarrt. Der Zug startet pünktlich, rumpelt durch die Vororte Palmas auf die Bergwelt und ihre bewaldeten Flanken zu. Gemächlich ziehen die Bilder vorbei. Eine Holzfabrik. Zypressen. Palmen. Hibiskus. Oleander. Ein Reiterhof. Autos. Ein paar Kinder kreischen fröhlich. Eine Glocke schrillt an einem Bahnübergang. Der Lokführer ist ganz in seinem Element eines ruckelnden Schienentanzes. Hinter dem Halt in Bunyola weht in Tunneln eine kühle Feuchte hinein. Die Bergwelt gewinnt an Kraft. Licht und Schatten wechseln sich ab, Mandelbäume, Kiefern, Oliven, Bruchsteinmauern, Felspassagen. Da kann man sich entspannt zurücklehnen. Die Bremsen kreischen bei der Abfahrt in langen Schleifen auf das Häusermeer von Sóller zu. Zitronen-, Orangenbäume bilden den Empfang. In Sóller kann man ins nächste Uralt-Vehikel auf harte Holzbänke umsteigen: die Straßenbahn *(Tranvía)*, die im Schneckentempo nach Port de Sóller ans Meer rattert.

**Wo?**

Bahnhof gegenüber der Plaça d'Espanya in der Carrer d'Eusebi Estada 1, 07004 Palma de Mallorca oder an der Plaça d'Espanya 6, 07100 Sóller

**Wann?**

Jeweils aktuell stehen die variierenden Abfahrtszeiten ab/bis Palma de Mallorca oder Sóller auf der Webseite.

**Wichtiges**

http://trendesoller.com

# Ein Gotteshaus im Wandel der Zeit. Rundum erhellend.

La Seu, die Kathedrale in Mallorcas Hauptstadt Palma, ist im Inneren ein Tempel des Lichts, der abends von außen per Beleuchtung in Szene gesetzt wird.

**Wie gemalt**

Fast unwirklich, wie ein Riesengemälde, hebt sie sich von der Mittelmeerseite her am Altstadtrand ab. Eine filigrane Gigantin ist sie, ein Gedicht in Sandsteintönen, eines der größten und schönsten Gotteshäuser Spaniens. Ein über hundert Meter langes Gesamtkunstwerk, in dem Gotik, Jugendstil und die Avantgarde des dritten Jahrtausends eine Symbiose eingehen: La Seu, die Kathedrale in Mallorcas Hauptstadt Palma de Mallorca. Kurios an der Südfassade ist das Letzte Abendmahl am Mirador-Portal. Selten hat ein Bildhauer die Apostel in einem Moment solcher Ausgelassenheit gestaltet. Lustig und vergnügt sitzen die Männer am gedeckten Tisch; aus einem Fässchen sorgt eine Dame unten rechts für den Nachschub an Wein. Die Augen der rauschebärtigen Apostel wirken derart glasig, als kämen sie gerade vom Ballermann.

**Faszinierende Raumentfaltung**

Im Innern ist die Kathedrale ein Tempel des Lichts: mit Sturzfluten aus Buntglasfenstern, die biblische Szenen thematisieren und ebenso mallorquinische Ansichten wie die Drachenhöhlen mit ihren Tropfsteinen. Für eine neue Raumentfaltung sorgte ab 1904 Jugendstilarchitekt Antoni Gaudí, indem er den Chor aus der Mitte entfernen und in den Altarraum verfrachten ließ. „Vor Gaudí war die Kathedrale unordentlich, es gab einen gewissen Schmutz und kein elektrisches Licht", sagt Führer Miguel Ángel. Den Schalter Richtung Moderne legt man in der Kapelle des Allerheiligsten um, die der Künstler Miquel Barceló 2007 unter dem Leitmotiv der Brot- und Fischvermehrung eigenwillig gestaltete. Allabendlich feiert der Sakralbau, wenn man so will, sich selbst. In Szene gesetzt durch die Beleuchtung über den historischen Stadtmauern, kommen die Türme und Strebebögen umso stärker zur Geltung. Es dürfte kaum jemanden geben, den dieser Anblick nicht begeistert.

**Wo?**

Catedral/La Seu, Plaça de la Seu, 07001 Palma de Mallorca

**Wann?**

Wechselnde Öffnungszeiten; April–Okt. Mo–Fr 10–17.15 Uhr sowie Sa 10–14.15 Uhr, Nov.–März Mo–Sa 10–15.15 Uhr

**Wichtiges**

http://catedraldemallorca.org

# Wo Mallorca nicht Malle ist. Die idyllische Seite der Ferieninsel.

Strände und Salinen, der Ort Colònia de Sant Jordi als Standquartier – da fühlt man sich gut aufgehoben im Süden der Baleareninsel.

**Unvermutete Stille**

Es riecht nach Meer und Kräutern. Der Wind fährt durch Feigen- und Olivenbäume, Bougainvilleen, Oleander. Aus Kiefern erklingen Konzerte von Zikaden. Ein Stück außerorts von Colònia de Sant Jordi schlängelt sich ein Sträßchen an den Salinen entlang zum Strand Es Trenc. Salzberge werfen ihre Spiegelbilder ins Wasser. In der Ferne staksen Flamingos umher. Hinter dem Parkplatz stapft man durch Sand, dann öffnen sich die kilometerlangen Weiten von Es Trenc. Der Himmel ist wolkenlos. Möwen kreischen. Das Mittelmeer leuchtet in den schillerndsten Farben. Türkis. Hellgrün. Ultramarin. Südsee-Feeling auf Mallorca, das hier nicht Malle ist.

**Sich darauf einlassen**

Mallorca und Geheimtipps – das klingt so abwegig, als würde man mit Spiritus ein Feuer löschen wollen. Natürlich ist man nicht allein, zumal die Mallorquiner das Feld nicht kampflos den Besuchern überlassen. Doch der tiefe Süden liegt abseits der ausgefahrenen Routen und ist nie Szenario von Ballermann'schen Exzessen gewesen. Wer Colònia de Sant Jordi als Standquartier wählt, landet nicht in einer klassischen Küstenschönheit – doch gerade das verschafft eine perfekte Tarnung. Dadurch steht der Ort nicht im Fokus internationaler Reiseveranstalter. Zwischen Nord- und Südteil verläuft eine zweieinhalb Kilometer lange Promenade über Holzplanken und Steinplatten, vorbei an Agaven, Häusern, Kiefern, Ruhebänken, Felslandzungen. Den Südteil steckt der Hafen ab, gleich nebenan liegt der Strand Es Port. Der Einstieg ist sanft und gefahrlos, das Wasser wunderbar klar, so wie überall. Ab dort geht es zu Fuß – und nur zu Fuß – zu kleineren Stränden: der Platja es Delfí, der dünenbegrenzten Platja d'es Carbó und der Platja de ses Roquetes. Infrastruktur und Massenbetrieb liegen fern. Eine Wohltat.

**Wo?**
07638 Colònia de Sant Jordi

**Wann?**
Das ganze Jahr lang und durchaus auch über Winter eine Option für Ruhesuchende.

**Wichtiges**
www.visitsalines-colonia.com
www.salinasdestrenc.com

# Wenn die Sonne ins Meer taucht. Abschalten und bewundern.

Am Westrand des Städtchens Sant Antoni de Portmany auf Ibiza bietet die felsige Küstenlinie einen Topspot für den Sonnenuntergang auf der Baleareninsel.

### Ein Lichtblick

Legt man attraktive Strände als Maßstab an, dümpelt Ibizas westliches Städtchen im Mittelmaß. Das Westend, die krachende Kneipenzone, in der zuvorderst trinkfeste Briten bis zum Delirium auftanken, dürfte viele Reisende eher abschrecken als anziehen. Und die Betonmassen, die sich bis zur Bucht erstrecken, sind nicht fürs Auge gebaut. Doch am Abend kommt an der zerklüfteten Küstenlinie westlich der City eine besondere Stimmung auf. Dann spaziert man über die Promenade, den Passeig de Ponent, wählt ein Bänkchen für eine Rast, ein Stück Felsen, Planken, eine Kneipenterrasse für einen Drink. Sant Antoni de Portmany ist einer der besten Plätze für den Sonnenuntergang auf der Baleareninsel. Sonnenuntergang: Klingt das nicht abgeschmackt, kitschig? Mag sein. Wie oft hat man andernorts auf der Welt schon Sonnenuntergänge erlebt? Oder achtlos über sie hinweggesehen, weil sie so alltäglich, so gewöhnlich sind?

### Wenn die Zeit für einen Moment stillsteht

Doch irgendwie versetzt ein Sonnenuntergang viele Menschen ungebrochen ins Staunen, in Begeisterung, als wären sie immer noch Kinder. Wenn die orange-gelbe Kugel in Sicht von Sant Antoni de Portmany im Meer versinkt, legt sich das warme Licht weit draußen über Felshöcker, Felszacken, Boote. Allein ist man nicht, der Spot an der Küste kein Geheimtipp. Egal. Die Welt, man selbst holt Atem. Der Sonnenuntergang ist ein täglicher Fix- und Wendepunkt, der – wenn man tiefer darüber nachdenkt – die Wahrnehmung für unser eigenes Dasein schärft. Die Zeit steht nicht still, sie geht weiter. Eine gute Gelegenheit, aufs Hier und Jetzt anzustoßen. Dazu braucht man nicht zwangsläufig eine Wein- oder Cocktailkarte mit Bedienung an einem Tisch –, sondern bringt sich selbst etwas Kühles für einen Platz an der Küste mit.

**Wo?**
Passeig de Ponent,
07820 Sant Antoni de Portmany

**Wann?**
Am Abend

**Wichtiges**
http://ibiza.travel

# Welterbe auf der Partyinsel Ibiza. Weg vom Trubel findet man Kultur und Ruhe.

Die legendäre Partyinsel hat ein Weltkulturerbe: das ausgedehnte historische Viertel Dalt Vila in der Hauptstadt Eivissa.

**Stille inmitten eines Touristen-Hotspots**

Plötzlich wird die Partyinsel Ibiza zum Dorf. In einer Gasse stehen Plastikstühlchen und ein Wäschespanngitter auf dem holprigen Pflaster. Eine Haustür steht offen, davor rekelt sich ein Hund. Auch hier sieht man wieder die für Spanien typischen weißen Fassaden mit Pflanzengehängen. Das historische Viertel Dalt Vila in der Hauptstadt Eivissa steht für ein gänzlich anderes Ibiza. Es dehnt sich über einen Hügel und ist von der UNESCO zum Weltkulturerbe erhoben worden. Vom Hafen her wirkt das Miteinander aus weißen Häusern und der Wehrkathedrale mit ihrem Turm wie ein gigantisches Steckspiel. Die um den Hügel angelegten Mauerverbünde gehen im Wesentlichen auf die zweite Hälfte des 16. Jahrhunderts zurück. Der Aufstieg von den Niederungen Eivissas bis zu den höchsten Punkten – er zieht und er lohnt sich. In Dalt Vila seien weder der Höhenunterschied noch die Ausdehnung des Viertels unterschätzt. Der Einstiegspunkt liegt oberhalb der Plaça de la Constitució, wo man von den historischen Stadtmauern geschluckt wird und einen Platz mit einer Ballung an Restaurants erreicht. Doch das ist nur der Appetizer der Erkundung.

**Eine andere Welt**

Ab dort geht es richtig hinauf: zum Rathaus, zu alten Kanonenplateaus und Bollwerken. Der Freiplatz vor der Kathedrale gibt fantastische Blicke über die Stadt und den Hafen frei, die mit Häusern bepunkteten Hügel im Hintergrund. Im Dom verehren die Gläubigen in einem kleinen, überkuppelten Tempel ein Marienbildnis mit dem Namen „Unsere liebe Frau vom Schnee" (katalanisch: *Nostra Senyora de les Neus).* Geht man an der Kathedrale vorbei, öffnen sich auf den historischen Befestigungsanlagen neuerlich Aussichtspunkte, diesmal mit Blick aufs Meer. Man hört die Wellen, ein Palmenrascheln im Wind. Da vergisst man die Zeit. Da will man gar nicht mehr weg.

**Wo?**

Dalt Vila, 07800 Eivissa

**Wann?**

Attraktiv zu jeder Tageszeit

**Wichtiges**

http://ibiza.travel

# Schwerelos in glasklarer Stille. Durch das Wasser schweben über wertvollen Neptungraswiesen.

Wer vor der Küste der kleinen Mittelmeerinsel Formentera über Neptungraswiesen schnorchelt, bekommt vor Augen geführt, warum das Meer so glasklar ist.

**Wunder der Natur**

Es stinkt manchmal erbärmlich auf Formentera, wenn das an die Strände angeschwemmte Neptungras unter der Sonne verrottet. Olfaktorisch ist es einfach umwerfend und ebenso wenig eine Augenweide. Doch gerade dieses Neptungras, das den wissenschaftlichen Namen *Posidonia oceanica* trägt, ist ein Indikator für ein gesundes, glasklares Gewässer. Es bildet untermeerische Wiesen, fördert die Selbstreinigung des Meeres, sorgt für Sauerstoffzufuhr, bietet Fischen Schutz und Laichstätten. Ein Schnorcheltrip gibt Gelegenheit, der Sache buchstäblich auf den Grund zu gehen. Dreh- und Angelpunkt der Ausfahrten ist der Hafen von La Savina, wo die Fähren aus der Nachbarinsel Ibiza eintreffen. Einen Flughafen gibt es auf dem Balearenzwerg nicht – und damit von vorneherein einen Sympathiepunkt mehr. Begleiter Raúl Aguayo steuert das Hartgummischlauchboot aus dem Hafenbecken hinaus, dann an felsigen Spitzen der Küste entlang. Er stimmt auf das ein, was bei den Schnorchelstopps im Nordwesten und Westen Formenteras kommt. „Das Neptungras ist der große Protagonist. Es ist geschützt, deswegen darf man über ihm nicht ankern", sagt Aguayo, der auch Tauchlehrer ist, und setzt hinzu: „Über Winter legen sich die Anspülungen wie ein Mantel, wie eine Schicht über die Strände und sorgen dafür, dass der Sand durch Wind nicht abgetragen wird."

**Ins klare Nass**

Dann ist es so weit. Brille auf. Schnorchel auf. Flossen an. Ab ins Wasser. Nun schwebt man schwerelos durch die gläserne Stille, einige Meter über den Neptungraswiesen. Zur maritimen Lebensgemeinschaft zählen Schwämme, die schwarzen Steinen zum Verwechseln ähnlich sehen, Seeigel, Seesterne, Zackenbarsche. Im „Sound of Silence" unter Wasser streichen die Neptungräser auf dem Grund sachte hin und her. Beruhigende Bilder für die Seele.

**Wo?**

07870 La Savina, Formentera; am Hafen gibt es diverse Anbieter von Schnorcheltrips, darunter Formentera Divers (http://formenteradivers.com) und Vellmari (http://vellmari.com).

**Wann?**

Ganzjährig, aber ungestörter außerhalb der Sommersaison

**Wichtiges**

www.formentera.es

**»Im ‚Sound of Silence‘ unter Wasser streichen die Neptungräser auf dem Grund sachte hin und her. Beruhigende Bilder für die Seele. «**

# Wandern mit türkisfarbenen Traumpanoramen als Hintergrundkulisse.

Recht kurz, aber intensiv ist der Wanderweg, der die Hochebene La Mola mit dem Küstendorf Es Caló de Sant Agustí auf der Baleareninsel Formentera verbindet.

**Klein, aber oho!**

Große Wandermöglichkeiten darf man auf dem 83 Quadratkilometer kleinen Formentera nicht erwarten, doch dieser Weg mit dem Namen *Camí de sa Pujada* hat es in sich. Es ist ein historischer Trampelpfad, der die Verbindung zwischen der Hochebene La Mola und dem Küstendorf Es Caló de Sant Agustí schafft. Einmal hin, einmal zurück. Knapp zwei Kilometer und 161 Höhenmeter die einfache Strecke, wofür man in gemächlichem Tempo etwa eine Dreiviertelstunde braucht. Am besten, man startet auf dem Wanderparkplatz auf der Höhe von La Mola – dann kann man bei Halbzeit im Wendepunkt Es Caló de Sant Agustí einkehren.

**Immer mit Vorsicht**

Es braucht nicht lange, um auf dem unwegsamen *Camí de sa Pujada* diese Lektion zu lernen: Wandern und Fotografieren gleichzeitig geht nicht. Steine und Wurzelstrünke formen kontinuierlich Stolperfallen. Also: alles in Ruhe. Die letzten Motorengeräusche verschwinden. Das Brandungsrauschen schickt einen Gruß aus der Tiefe. Lohn der Wandermühen sind Ausblicke über weite Teile der Insel, die hier zu Füßen liegt. Formenteras schmaler Mittelteil schnürt sich zwischen den glitzernden Küstenstreifen wie eine Taille zusammen. Durch Zweige von Aleppo-Kiefern öffnen sich natürliche Panoramafenster auf die Farbspiele des Wassers, die zwischen Tiefblau und Türkis changieren. Fantastisch. Man atmet tief durch. Eidechsen flitzen voran und verschwinden im Gesträuch. Ein Stamm lehnt sich schräg über den Weg. Über Felsplatten staut sich die Hitze. Es riecht nach Lavendel. Man fühlt sich weit weg. Unvermeidlich ist die Rückkehr von Verkehrslärm bei Es Caló de Sant Agustí. Das Küstendorf beginnt mit Unterständen für Fischerboote und geht in ein winziges weißes Häusermeer über. Der Drink auf einer schattigen Kneipenterrasse tut gut, dann geht's gestärkt auf demselben Weg zurück.

**Wo?**

Im Osten von Formentera; der Wanderparkplatz liegt – wenn man sich von der Küste aus nähert – noch vor dem Ort El Pilar de la Mola auf der linken Seite der Landstraße.

**Wann?**

Ganzjährig, obgleich es im Sommer heiß werden kann; unerlässlich sind adäquates Schuhwerk und eine Wasserflasche für unterwegs.

**Wichtiges**

www.formentera.es (mit Infos zum Wanderweg „Camí de sa Pujada", der als grüne Route die Nummer 25 trägt)

## Impressum

Andreas Drouve
**Soul Places Spanien –**
**Die Seele Spaniens spüren**

Soul Places ist eine Marke von:
Reise Know-How Verlag Peter Rump GmbH,
Osnabrücker Str. 79, 33649 Bielefeld


**1. Auflage 2023**


**ISBN 978-3-8317-3701-7**

**Druck und Bindung:** Hinckel-Druck GmbH, Wertheim

**Gestaltung und Bearbeitung:** der Verlag
**Fotonachweis:** Cover: AdobeStock ronnybas | Soul Place 4: (rechts 3) AdobeStock daboost | 9: (oben 1) AdobeStock h368k742 | 15: (4) AdobeStock Beboy | 20: (1) AdobeStock Jose | 32: (1) AdobeStock Unclesam | 36: (1) AdobeStock Mapics | 44: (1) AdobeStock Noradoa | 45: (1) AdobeStock Javier | 48: (4) AdobeStock majonit | 57: (1) AdobeStock Alvaro | 58: (4) AdobeStock teddiviscious | 60: (1) AdobeStock Nicolas Dumeige | 64: (1) AdobeStock Antonio ciero | 66: (1) AdobeStock nick | 69: (1) AdobeStock Mik Man | 72: (1) AdobeStock philipus | 73: (1) AdobeStock fschuetz | 78: (1) AdobeStock Colin & Linda McKie | 79: AdobeStock (3) damedias, (4) Julia
**Alle weiteren Bilder:** Andreas Drouve, Ana Drouve Doria, Sonia Drouve Doria

**Bibliografische Information der Deutschen Nationalbibliothek**
Die Deutsche Nationalbibliothek verzeichnet diese Publikation in der Deutschen Nationalbibliografie; detaillierte bibliografische Daten sind im Internet über http://dnb.dnb.de abrufbar.

Reise Know-How-Bücher finden Sie in allen gut sortierten Buchhandlungen.
Falls nicht, kann Ihre Buchhandlung unsere Bücher hier bestellen:
D: Prolit, prolit.de und alle Barsortimente
A: Freytag-Berndt und Artaria KG, freytagberndt.com
CH: AVA Verlagsauslieferung AG, ava.ch
B, LUX, NL: Willems Adventure, willemsadventure.nl
oder direkt über den Verlag:
**www.reise-know-how.de**

Wir freuen uns über Kritik, Kommentare und Verbesserungsvorschläge, gern per E-Mail an info@reise-know-how.de.